人工智能重大应用场景丛书

丛书主编　薛澜

人工智能+教育

Artificial Intelligence plus Education

梁正　主编

中国发展出版社
CHINA DEVELOPMENT PRESS

图书在版编目（CIP）数据

人工智能＋教育 / 梁正主编．-- 北京：中国发展出版社，2025．7（2026．1 重印）．--（人工智能重大应用场景丛书 / 薛澜主编）．-- ISBN 978-7-5177-1495-8

Ⅰ．G4-39

中国国家版本馆 CIP 数据核字第 2025CT4799 号

书　　名：人工智能+教育
主　　编：梁　正
责任编辑：耿瑞蝶
出版发行：中国发展出版社
联系地址：北京经济技术开发区荣华中路22号亦城财富中心1号楼8层（100176）
标准书号：ISBN 978-7-5177-1495-8
经 销 者：各地新华书店
印 刷 者：北京富资园科技发展有限公司
开　　本：710mm × 1000mm　1/16
印　　张：12.75
字　　数：250千字
版　　次：2025 年 7 月第 1 版
印　　次：2026 年 1 月第 4 次印刷
定　　价：88.00元

联系电话：（010）68990635　68990625
购书热线：（010）68990682　68990686
网络订购：http://zgfzcbs. tmall. com
网购电话：（010）88333349　68990639
本社网址：http://www.develpress. com
电子邮件：17398950869@163.com

“人工智能重大应用场景丛书”

联合编写单位

清华大学人工智能国际治理研究院
人工智能治理研究中心（清华大学）
清华大学中国科技政策研究中心
清华大学科技发展与治理研究中心
中国投融资担保股份有限公司
中国移动通信集团有限公司
杭州市萧山区之江智慧场景研究中心
杭州市石虎山机器人概念验证中心

总 序

PREFACE

自2022年底ChatGPT横空出世以来，人工智能技术发展进入快车道，推动人类文明迈入新阶段。然而，科学技术是一把“双刃剑”，它既为增进人类福祉提供了无限可能，又给人类文明带来了严峻挑战。如何推动技术的高水平安全应用，使人工智能大模型加快落地，实现科技创新和产业创新互融互促，是当前需要解决的关键问题。

我国高度重视人工智能的发展和应用。习近平总书记强调，人工智能是引领这一轮科技革命和产业变革的战略性技术，具有溢出带动性很强的“头雁”效应。我们要深入把握新一代人工智能发展的特点，加强人工智能和产业发展融合，为高质量发展提供新动能。要加强人工智能同保障和改善民生的结合，从保障和改善民生、为人民创造美好生活的需要出发，推动人工智能在人们日常工作、学习、生活中的深度运用，创造更加智能的工作方式和生活方式。① 2024年政府工作报告提出，深化大数据、人工智能等研发应用，开展“人工智能+”行动。在地方层面，各地发布新政，挖掘人工智能应用潜能。北京市于2024年7月26日发布了《北京市推动“人工智能+”行动计划（2024—2025年）》，提出围绕机器人、教育、医疗、文化、交通等五大领域打造标杆应用，率先建设AI原生城市，推动北京市成为具有全球影响力的人工智能创新策源地和应用高地。2024年7月30日，深圳市发布了《深圳市加快打造人工智能先锋城市行动方案》，提出深化全域全时全场景应用，打造场景应用先锋。

人工智能作为重要的前沿引领技术和颠覆性技术，其发展会为经济社会带来巨大收益②。一方面，人工智能可以给相关核心产业带来巨大的经济价值。人工智能复杂的产业链环节和极高的技术附加值赋予了相关核心产业巨大的市场前景。以中国为例，根

---

① 《习近平在中共中央政治局第九次集体学习时强调 加强领导做好规划明确任务夯实基础 推动我国新一代人工智能健康发展》，《人民日报》2018年11月1日。

② 以下内容部分节选自薛澜、王净宇：《人工智能发展的前沿趋势、治理挑战与应对策略》，《行政管理改革》2024年第8期。

据工业和信息化部统计，截至2023年，中国人工智能核心产业规模已经突破5000亿元，企业数量超过4500家。按照国务院《新一代人工智能发展规划》中的战略目标，到2030年，我国人工智能核心产业规模将超过1万亿元，带动相关产业规模超过10万亿元。在可见的将来，人工智能核心产业将在国民经济中扮演越来越重要的角色。另一方面，人工智能可以通过赋能千行万业催生新产业、新模式、新动能，助力解决可持续发展等人类共同面临的重要问题。根据《自然》杂志有关论文测算，在联合国提出的17个可持续发展目标的169个细分项目中，人工智能可以对其中的134个产生积极作用，占比达到79%①。中国在《全球人工智能治理倡议》中提出积极支持以人工智能助力可持续发展，应对气候变化、生物多样性保护等全球性挑战，充分阐释了人工智能协助人类推动可持续发展的巨大潜力。

由于人工智能技术具有巨大的影响力和外部性，其在带来发展收益的同时，也会带来不容忽视的安全风险。

第一，人工智能技术本身可能产生技术幻觉、算法歧视甚至技术失控等内生风险。在人工智能的智能化水平较低的阶段，我们只要"拔掉插销"就可以阻止其风险；但是随着人工智能技术进步，当其智能化水平达到一定程度时，有可能表现出伪装的倾向。当其对脱离人类控制具有很高的把握时，人工智能系统很可能展现出"硬币的另外一面"，而此时再"拔掉插销"恐怕已难以起到作用。第二，人工智能技术的大规模普及可能产生误用、滥用、恶用等应用风险。人工智能作为一种重要的通用性、基础性工具，一旦遭到误用、滥用，极有可能造成数据泄露、深度伪造、恐怖主义、技术军事化等风险。第三，人工智能技术变革的颠覆性影响引发劳动力结构调整、社会不平等加剧等经济社会风险。人工智能不同于以往历次科技革命和产业变革中的技术创新，其发展不仅可以

---

① Vinuesa R, Azizpour H, Leite I, et al. "The Role of Artificial Intelligence in Achieving the Sustainable Development Goals", *Nature Communications*, 2020, 11(1): 233.

拓展人类的生产能力、取代简单重复的常规工作，还可通过学习执行更多认知性工作，在一定程度上超越作为人类改造世界的工具和手段的范畴，具有以全新方式替代人类劳动的潜质。

综合人工智能发展的前沿趋势及其产生的收益和风险来看，目前人工智能治理主要存在以下难点与挑战。一是技术发展和技术治理不同步。在人工智能基础研发、产业应用共同加速的背景下，人工智能的发展同时具有快速迭代和不可预测的特征，对治理系统与技术系统的同步演进提出了巨大挑战。一方面，人工智能技术的迭代速度超出人类预期，现有治理系统的演进速度难以追上技术系统发展的步伐。另一方面，人工智能技术的智能涌现具有不可预测性，治理系统很难准确预判人工智能的发展及其复杂的经济社会影响。二是监管者和被监管者信息不对称。当前技术创新和产业应用的联系空前紧密，产业界已经成为推动人工智能发展的主要力量。然而，监管者很难准确掌握技术发展的实时动态，被监管者很难明确监管者的治理目标，监管者和被监管者之间不断扩大的信息盲区构成了人工智能治理的又一难点。三是风险防范成本和效益不对等。人工智能的通用性和易得性使其潜在风险几乎无处不在，极大增加了风险防范的社会成本。全面防范人工智能带来的安全风险需要耗费大量的公共资源，甚至以部分牺牲人工智能发展为代价。如何在高昂的风险防范成本、巨大的潜在风险损失、不断增大的风险概率之间权衡，是监管者必须面对的重要考验。四是机制复合体治理不协调。人工智能治理是一个涉及法律法规、行业标准、国际协调的复杂系统，需要不同国家、国际组织、相关企业的共同参与。然而不同主体在治理理念、关注议题、治理偏好、治理能力上存在差异，导致人工智能国际治理呈现出嵌套、重叠、平行的碎片化局面，存在合理性、公平性、有效性等一系列治理赤字。如何协调相互重叠、不同层次、不同诉求的参与主体，建立受到广泛认可的人工智能全球治理机制复合体，也是人工智能治理面临的重要挑战。五是地缘政治环境不稳定。人工智能作为颠覆性的前沿技术，是大国博弈的关键领域。大国战略竞争加剧地缘政治复杂性，部分国家甚至以意识形态划线或构建排他性集团，恶意阻挠他国人工智能发展，利用技术垄断和单边强制措施制造发展壁垒，恶意阻断全球人工智能供应链，不但阻碍全球人工智能发展，对人工智能治理也产生了负面影响。

面对人工智能带来的挑战，我国的人工智能治理机制不断完善，具有多元主体、多维共治、多种工具、敏捷协同特征的中国特色人工智能治理体系初见雏形。在当前治理机制的基础上，我国应进一步完善人工智能治理体系、建立人工智能安全监管制度，以更好应对人工智能快速发展带来的风险挑战。

第一，加大人工智能安全领域的研发投入，加快人工智能安全治理能力建设。为了确保人工智能系统安全、可靠、可控，要对人工智能模型进行严格的能力评估、对齐训练和红线测试，并对各类潜在风险进行及时的评估、追踪、识别、防范和响应，这些工作都需要大量的技术储备和研发投入。目前，产业界和学术界过多关注提高人工智能系统能力的科技创新，对于人工智能安全和治理领域的研究相对不足。针对这一现象，包括图灵奖得主姚期智等、诺贝尔奖得主丹尼尔·卡尼曼及清华大学文科资深教授薛澜等学者在《科学》杂志联名发声，呼吁至少将研发预算的1/3投入人工智能安全研究①。中国可以在建立未来产业投入增长机制的过程中，通过提高研发费用加计扣除比例等方式，鼓励和要求大型科技公司在生成式人工智能等前沿人工智能技术开发中围绕风险防范问题提高研发投入；在建立科技发展、国家战略需求牵引的学科设置调整机制和人才培养模式中重点加强人工智能安全和治理领域的人才培养，为人工智能安全监管和稳定发展提供人力基础。

第二，建立审慎包容、分级分类的人工智能安全监管制度，通过敏捷治理摆脱治理困境。鉴于人工智能的发展趋势和技术特性，当下很难确定其演变、用途、风险、回报，因而难以提前明确监管对象和监管内容，相关治理只能在监管互动中前行。在此

---

① Bengio Y, Hinton G, Yao A, et al. “Managing Extreme AI Risks Amid Rapid Progress”, *Science*, 2024,384(6698), 842–845.

过程中，政府监管部门可以采用敏捷治理的基本理念，推动人工智能技术发展的利益相关方形成持续性的共同学习和探索机制，根据前沿人工智能发展及其带来的收益风险及时调整治理对象和内容，采用分级分类、监管沙盒等方式，通过治理结构、治理策略、治理工具的灵活创新应对人工智能治理和监管的挑战。

第三，重视企业科技创新主体地位，鼓励行业和企业层面的自我规制。面对人工智能技术的快速迭代，一方面，政府部门可以通过制定随模型能力变强而更加严格的安全标准、要求企业对人工智能系统造成的可预防伤害承担责任等措施加强外部规制；另一方面，产业界作为当前人工智能科技创新最重要的推动力量，需要在人工智能的治理和监管框架中发挥重要作用。政府部门可以在外部监督的基础上，激励引导行业组织和经营主体发挥自律作用，通过行业标准、企业规范等被监管者内部的自我规制解决人工智能领域日益突出的发展治理同步性问题和外部规制信息不对称问题。

第四，依托多边平台，参与、引领人工智能全球治理。人工智能治理具有极强的外部性，攸关全人类命运，是世界各国亟须共同应对的重要挑战，积极参与人工智能全球治理是中国引导人工智能健康有序发展的基础和前提。面对协调机制复合体的治理难题，中国可以重点选择在联合国框架内加强人工智能治理协作和标准塑造，以能力建设为抓手推动构建开放、公正、有效、具有广泛共识的人工智能治理框架和标准规范。

第五，完善双边对话机制，加强与主要人工智能大国的政策沟通。引领全球人工智能发展和治理的主要大国的竞合关系不仅事关双边关系大局，还会对全球人工智能治理成效甚至人类命运产生重要影响。面对大国竞争等地缘政治因素干扰，中国可以基于中美元首旧金山会晤共识，在保持中美政府间人工智能对话的同时，积极推动中美科学界、产业界之间的二轨对话，围绕设置安全红线、防范极端风险、推进全球治理等双方共同关切的问题加强对话、管控分歧、拓展合作，努力在大国战略竞争的背景下实现人工智能发展和治理领域的大国协调。

清华大学人工智能国际治理研究院（以下简称“研究院”），依托清华大学在人工智能与国际治理方面的积累和跨学科优势，面向人工智能国际治理重大理论问题及政策需求开展研究，致力于发挥全球学术影响力和政策引领作用，为中国积极参与人工智能国际治理提供智力支撑。研究院自成立以来，主动肩负社会责任，承担了国家“科技创新2030—重大项目”等，发布了一系列研究报告，向国家有关部门提交了一批政策建议，连续主办的人工智能合作与治理国际论坛已成为该领域的重要平台，取得了可喜的研究成果。

为响应“人工智能+”行动，推动人工智能高效赋能千行百业，2024年6月，研究院着手组织牵头“人工智能重大应用场景丛书”研究和编写工作；2024年7月4日，在研究院承办的“2024世界人工智能大会·人工智能前沿技术的治理挑战与应对论坛”上，研究院联合中国发展出版社、中国移动集团、中国投融资担保股份有限公司、中国电信研究院、阿里巴巴集团、华信永道、华为战略研究院、之江智慧场景研究中心等机构，正式启动了中国人工智能重大应用场景白皮书研究暨“智能向善”全球伙伴计划。“人工智能重大应用场景丛书”选取金融、教育、政务、医疗、交通、物流、制造、文旅、能源、农业等10余个典型场景，面向全社会公开征集案例，遵循“权威性、实用性、创新性、代表性”的原则对案例进行严格筛选，形成集理论与实践于一体的系列丛书，为实现人工智能“善治”与“善用”提供工具性参考。

凡益之道，与时偕行。我们愿与各界同人进一步加强交流，深化合作，共同推动人工智能的健康发展，共同维护人工智能的安全，赋能人类共同的未来！

薛澜

清华大学文科资深教授

清华大学苏世民书院院长

清华大学人工智能国际治理研究院院长

2025年6月

前言

FOREWORD

百年大计，教育为本。教育是人工智能应用的重大场景之一，生成式人工智能、大模型等技术的兴起为教育带来了巨大机遇和风险挑战。人工智能既可以辅助教师生成教学资源、充当学生的成长助手、提高学校管理和服务水平，也可能存在侵犯用户隐私、泄露敏感数据、引发学术诚信危机、导致学生过度依赖等潜在风险。如何实现人工智能技术的高水平安全应用、不断探索人工智能教育应用的边界、切实履行好立德树人的教育使命，是智能时代每一位教育工作者需要思考的问题。

为推进人工智能与教育深度融合、为教育场景中的不同主体恰当地应用人工智能技术提供参考，北京人文社会科学研究中心——人工智能治理研究中心（清华大学）、清华大学人工智能国际治理研究院主持编写了《人工智能＋教育》一书。

《人工智能＋教育》包括“理论框架”与“典型案例”上下两篇，两者相辅相成、彼此呼应，形成紧密联系的有机整体。“上篇 理论框架”为“下篇 典型案例”提供基础知识和概念框架，是对后者的提炼和升华，而“下篇 典型案例”为“上篇 理论框架”提供实践支撑，展示人工智能技术在不同教育场景的多样性。

“上篇 理论框架”包括6个章节。第一章，梳理了“人工智能＋教育”的起源与发展，概括了人工智能在教学、学习、管理、评价、科研等场景中的应用价值，指出了人工智能应用于教育的潜在风险，提出了人工智能与教育融合的发展要求。第二章，根据教育阶段和类型划分，论述了人工智能在基础教育、高等教育、职业教育、终身教育中的应用场景。第三章，分析了“人工智能＋教育”的关键技术架构，展示了人工智能在教育中的技术层次和类型，指出了教育领域人工智能技术的未来走向。第四章，在挖掘教育数据要素内涵的基础上，重点说明了数据要素的规范要求、生命周期管理、要素分布、使用的瓶颈和挑战。第五章，分析了“人工智能＋教育”的产业生态，阐释了技术的开发者、使用者和监管者在生态中的定位，探讨人工智能与教育融合的投资热点，并对趋势进行研判。第六章，提出了促进“人工智能＋教育”深度融合的建议，从顶层设计、治理原则、风险防范、行业生态、教师、教育、公民素养和国际交流等八个方面提出了对策。

在“下篇 典型案例”中，课题组面向全社会公开征集案例，并进行了实地考察和调研，以权威性、实用性、创新性和代表性为原则，经过充分讨论，最终筛选出了十余个经典案例。这些案例覆盖了基础教育、高等教育、职业教育、终身教育、企业实践等多个层面。本部分通过客观数据和事实，从案例概况、技术架构、重点突破、应用成效和场景推广等多个角度，对这些案例进行了全景式呈现和深度剖析，力图为政府部门、学校、教师、学生等合理运用人工智能提供示范样板，为人工智能在教育中的应用提供参考，以此增进人工智能与教育的深度融合，不断激发智能时代教育教学创新的灵感和火花。

本书“上篇 理论框架”的各章作者为：第一章，“人工智能＋教育”概述，首都师范大学教育学院孔新梅；第二章，“人工智能＋教育”典型应用场景，北京工商大学数字教育研究院杨艳萍、北京市海淀区教育科学研究院卞丽、深圳职业技术大学肖正兴、北京教育科学研究院马开颜；第三章，“人工智能＋教育”关键技术，华东师范大学计算机科学与技术学院应振宇；第四章，“人工智能＋教育”数据要素，北京市海淀区教育科学研究院郑志宏；第五章，“人工智能＋教育”产业生态与发展，北京思明启创科技有限公司楚云海；第六章，促进“人工智能＋教育”深度融合的建议，清华大学人工智能国际治理研究院田贵平。

本书“下篇 典型案例”的各章作者为：第七章，“人工智能＋高等教育”，北京教育科学研究院杨楠，北京邮电大学徐童、高德润、杨中天、邱天泽，华东师范大学陈琴、周杰、周爱民、贺樑，浙江大学陈文智；第八章，“人工智能＋职业教育”，北京电子科技职业学院[①]陈江锋、胡晨光、徐楠楠、高强，深圳职业技术大学肖正兴；

① 2025年，教育部批准以北京电子科技职业学院为基础设立北京科技职业大学。

第九章，“人工智能+基础教育”，巧智绘科技（浙江）有限公司裘菊兰、徐时健，中国人民大学附属小学李会然，北京市海淀区教育科学研究院刘宇光，上海市卢湾高级中学何莉、周雯婕、吴建华和北京市海淀区教育科学院高洁；第十章，“人工智能+教育”的企业实践，网易有道信息技术（北京）有限公司田郁平和范海燕，北京市海淀区教育科学研究院肖明，北京思明启创科技有限公司李俊、曾鹏轩、王宇航、陈向东，新东方智慧教育事业部，松鼠Ai周伟、梁静。

在书稿完成之际，感谢中国发展出版社领导和同志们在出版过程中的辛勤努力；感谢全国大中小学、科研院所、科技企业和政府部门在案例调研中的大力支持；感谢所有提交案例的单位和个人。由于篇幅限制，很多优秀案例未能入选，但是其精髓已融入本书的理论研究部分，在此一并致谢！

感谢新一代人工智能国家科技重大专项“新一代人工智能风险防范与治理手段研究”（2023ZD0121700）、清华大学自主科研计划（20223080026）、国家自然科学基金（72404163）、北京市教育科学规划课题（ACAA24121）和北京人文社会科学研究中心的资助。

本书由清华大学人工智能国际治理研究院牵头和协调、杭州市萧山区之江智慧场景研究中心负责策划、北京人文社会科学研究中心——人工智能治理研究中心（清华大学）负责执行、北京市海淀区教育科学研究院协助完成。

梁正
清华大学公共管理学院教授
清华大学人工智能国际治理研究院副院长
人工智能治理研究中心（清华大学）主任
清华大学中国科技政策研究中心副主任
中国科学学与科技政策研究会常务理事、专业委员会主任
2025年6月

目录

CONTENTS

上篇 理论框架

下篇 典型案例

第七章 “人工智能 + 高等教育”

第八章 “人工智能 + 职业教育”

第九章 “人工智能 + 基础教育”

第十章 “人工智能 + 教育”的企业实践

上篇

理论框架

第一章 | “人工智能 + 教育”概述

一、“人工智能 + 教育”的起源与发展

随着新一代信息技术的飞速发展，人工智能已成为引领新一轮科技革命和产业变革的重要驱动力，并催生出大批新产品、新模式和新业态，同时也为教育发展带来了新机遇。中国高度重视人工智能对教育的深刻影响，积极推进人工智能和教育深度融合，促进教育变革创新。“人工智能 + 教育”的深度融合，亦成为教育领域的热议话题。

（一）追根溯源，回望历史

“人工智能 + 教育”可追溯至 20 世纪 60 年代由伊利诺伊大学厄巴纳—香槟分校研究人员开发的智能导学系统，该系统旨在帮助学生尽快适应教学材料。个人电脑的出现进一步促进了信息技术系统的发展，此后涌现出了计算机辅助教学等。其中，由匹兹堡大学研发的分时交互式计算机控制教学电视系统，凭借其多媒体性、计算机化等技术特征，实现了多用户终端对同一主题进行计算机辅助指令的编写。[①] 20 世纪 90 年代，多媒体技术的发展与丰富，加速了多媒体教学软件等一系列产品的出现与应用，大大提升了教学内容的互动性和参与度。时至今日，人工智能等新一代信息技术的快速发展，以人工智能生成内容为显著特征，以 ChatGPT 等产品的发布为典型代表，引发了生成式人工智能的新浪潮。

① 吴河江、吴砥:《生成式人工智能教育应用：发展历史、国际态势与未来展望》,《比较教育研究》2024 年第 6 期。

我国“人工智能 + 教育”的发展，起源于工业领域的人工智能、互联网应用的跨越式发展，以及市场对教育类应用产品需求的剧增。为加快人工智能的创新应用，2017 年 7 月，《国务院关于印发新一代人工智能发展规划的通知》提出智能教育，特别强调了人工智能对于教育的重要性，为教育与人工智能融合发展指明了方向。2018 年《政府工作报告》首次明确提出，要加强新一代人工智能研发应用，在医疗、养老、教育、文化、体育等领域发展智能产业，拓展智能生活；同年，教育部发布《教育部关于印发〈高等学校人工智能创新行动计划〉的通知》。2024 年，教育部办公厅印发《教育部办公厅关于加强中小学人工智能教育的通知》，强调要把人工智能教育的相关知识纳入课程体系。

（二）抓住机遇，直面挑战

百年大计，教育为本。随着教育普及程度的不断提高、覆盖范围的不断扩大，我国教育领域出现新的问题：一方面，国民对高质量教育的需求愈加迫切；另一方面，优质教育资源供给不足、发展不均衡的现实问题依然突出，教育公平和教育质量问题愈加显现。在新时代背景下，国际竞争力的较量愈加集中于对核心技术和创新人才的争夺。在这种大环境下，工业领域的技术变革不仅推动了传统产业的颠覆，还催生了大量的新岗位和新业态，进而引发了人才需求类型和数量的急剧变化。为应对这些变化，亟须在教育领域进行深刻的改革和创新，探索适应新形势的新型人才培养思路与路径，从而培养出具备综合能力的创新型人才，满足产业转型升级的需求，并进一步提升我国的国际竞争力。与此同时，我国各地区在风土人情、教育资源和师资力量等方面的差异依然显著，尽管科学技术和经济的快速发展为教育提供了新的机遇，但这些差异也可能被进一步放大，导致教育资源配置的不均衡，进而影响教育公平的实现。

二、“人工智能 + 教育”的融合

人工智能基于其出色的文本生成、语言理解、逻辑推理等能力，在教育领域表现出极大的应用潜力和价值，在教育赋能、减负增效方面发挥了重要作用。具体而言，在课堂教学实践、学生个性学习、校园安全监管、特殊群体教育等实践活动中，人工智能可以提供海量教学资源，进行数据智能分析，支持教育决策，促进学生多元智能发展，提升整体教育质量。

（一）“AI+ 教学”：赋能场景，提质增效

“人工智能 + 教育”的短期效应主要是以人工智能的工具性、技术性特征赋能教育教学场景，实现提质增效。一方面，基于其深层次语言理解、文本生成和资源汇聚的能力，人工智能可以有效辅助教师生成个性化教案，以虚拟人创设课堂助教、个性化设计与自动批改作业等多种辅助教学的服务。另一方面，可以充分利用人工智能技术“生成式”特征，伴随课堂实践的具体过程，动态调整课程内容难度、课堂教学进度和课堂活动环节。另外，人工智能在实时反馈、综合评估、家校沟通等多场景中的应用，可以减轻教师负担，提高教师工作效率。

（二）“AI+ 学习”：智能学伴，个性成长

人工智能与教育的结合，为学习者定制个性化、专属的学习体验，提升学习效果。一方面，人工智能为学习者构建了自适应学习系统，可根据其学习进度、能力与偏好，动态调整教学内容和难度，生成最适合的学习资源，为学习者打造专属学习路径。另一方面，人工智能集合虚拟现实技术，能够创造逼真的虚拟实验室，节省教学成本的同时，为口语、历史、文学等课程创建多语言学习平台和沉浸互动式学习环境。除此之外，人工智能可以为有特殊需求的学习者提供定制化的教育资源，帮助学习者打破时空局限，获得更加公平的教育机会。

（三）“AI+ 管理”：数据决策，智慧治理

人工智能通过充分发挥“大数据 + 大模型 + 强算法”优势，可以为教育质量监控、资源分配优化、教育公平性分析、风险感知与预测提供客观依据和可靠的决策方案，使教育管理实现智能化、科学化和精准化。通过人工智能技术的应用，可以实现对学生学习数据、教师教学数据以及学校其他业务

数据的伴随性采集、存储、整合、分析和可视化。这些数据的数字化处理有助于对教学资源、科研资源、人力资源等各类学校资源进行数字化配置、分发、流转和共享，从而提升学校管理的信息化水平和运行效能。同时，人工智能技术推动了课程专业结构的优化与内容的升级，为教师发展提供了数字化支持环境，促进了学生工作的数据化、规范化与高效化[①]。

（四）"AI+ 评价"：多维评价，综合发展

随着人工智能技术的深入应用，教育评价正朝着智能化、科学化、精准化的方向发展，推动以经验为主、单一标准、结果导向的教学评价，向以数据为依据、多维视角、过程导向的教学评价转变。一方面，人工智能技术打造的课堂教学智能评测系统，能够实时监测和分析教师教学行为、学生学习行为、教学内容与课堂组织形式，并对教师教学风格、学生专注度和教学知识点等多维度指标进行量化评估和可视化展示。另一方面，学校基于课程成绩历史大数据，可以构建智能学业预警系统；可以通过学生学习情况进行智能分析，预测学生当前学期的学业情况，对学生在学习方面的问题和困难进行分级预警，从而精准开展学业指导帮扶工作，更好地发挥教育评价的反馈作用。

（五）"AI+ 教研"：凝练智慧，能力提升

一直以来，新教师成长面临教学经验不足、教科研活动成效不佳等困境。人工智能为教师发展提供了新路径。一方面，人工智能可以通过课堂实录、教师资料库等途径，采集课堂教学的完整数据，分析教师画像，通过自我反思、集中研讨、群体备课等，新教师能真正参与到教科研活动中，从而尽快成长。人工智能在为其打通线上学习沟通渠道的同时，还能以定制化"虚拟专家"的身份，在教学活动设计、学术写作研究等方面，提供专业的指导与建议，为新教师提供常态化且细致的专家指导。

① 刘邦奇、朱洪军、喻彦琨等:《智能技术赋能学校数字化治理：内涵、框架与典型场景》，《现代远距离教育》2024 年第 4 期。

三、“人工智能 + 教育”的伦理风险与趋势展望

由于人工智能技术仍然存在诸多局限，其在赋能教育的同时，也伴随诸多潜在风险①。因此，为实现人工智能最大化赋能教育教学，需进一步明晰“人工智能 + 教育”过程中可能遇到的风险挑战，采取有效的策略，促进“人工智能 + 教育”深度融合与协同发展。

（一）审视风险，防患于未然

1. 算法歧视风险

基于商业信息安全保护等要求，人工智能的底层逻辑算法，通常处于保密状态，这使得数据传输、分析过程等不透明，处于“黑箱”状态，导致算法可解释性不强，算法分析结果的合理性、准确性难以验证。此外，人工智能在算法设计过程中，需要对数据进行人工标注，在标注过程中，不同设计人员对于数据信息的认知可能存在歧义和偏见，致使人工智能在应用过程中存在算法风险叠加升级的危机。

2. 数字鸿沟风险

数字鸿沟指不同社会群体对互联网在可及性和使用性上的差异。随着前沿数字技术的快速发展，全球不同国家、地区、行业及人群之间，由于信息技术的获取、应用及理解程度存在差异，以及创新能力的差异，形成了信息鸿沟、知识隔阂和贫富分化等问题。这些问题致使传统的国际和国内不平等、社会分层在数字时代依然存在甚至加剧。在国内，城乡、区域学校之间的教育资源差异尤为突出。城市地区的学校能够利用人工智能技术进行精准化教学，而许多乡村学校依然面临着基础设施匮乏和技术落后的困境。尤其是在边远地区，网络连接的不稳定和缺乏相关设备致使学生难以享受智能教育带来的益处，从而进一步拉大了城乡、区域之间的教育差距。

3. 主体异化风险

“人工智能 + 教育”可以帮助师生提升课堂教学质量，改善学习效果，

① 王佑镁、房斯萌、柳晨晨：《风险社会视角下教育人工智能伦理风险分类框架研究》，《现代远距离教育》2024 年第 3 期。

但若过于依赖人工智能，只进行单向的知识灌输，将会导致学生思维僵化，多元智能发展受限[①]。一方面，由于人工智能本身算法技术的局限性，若学生长期过度依赖技术，难以分辨信息真伪，将影响学生的全面发展，甚至致使学生误入歧途。另一方面，若教师过度依赖人工智能技术，不仅会降低教师的威信力和专业地位，还会导致师生间的互动与人文关怀缺失，损害学生的身心发展。

4. 隐私侵权风险

人工智能在积极推动与各行业协同发展的同时，也暴露了数据泄露、权责不明等弊端。“人工智能 + 教育”关注教育教学过程中的师生数据实时采集、精准分析，智能机器辅助教学和人机协同教学等方面。在应用过程中，可能存在未经用户许可的数据应用，导致师生人格尊严和个人隐私受侵害。另外，当前人工智能技术应用与监管相关的法律条文、政策规范存在滞后性，加之数据算法的透明性、可解释性较低，人工智能作品的所属权、著作权等问题尚存争议，这有可能引发教育信任危机。

（二）展望未来，积极应对

“人工智能 + 教育”的历史发展和应用效果表明，教育变革发展与智能技术更迭是息息相关的，世界各国在“人工智能 + 教育”融合方面较为谨慎。“人工智能 + 教育”应取其精华、去其糟粕，及时跟进人工智能技术发展并完善相关保障举措，充分发挥人工智能技术的优势。

1. 加强顶层设计，完善人工智能技术监管的规范化体系

当前，世界各国高度重视并逐步完善人工智能技术监管体系。2023 年 7 月，我国发布了《生成式人工智能服务管理暂行办法》，为促进生成式人工智能的健康发展和规范应用提供了保障。2024 年 8 月 1 日，全球首部全面监管人工智能的法规——欧盟《人工智能法案》正式生效，该法案基于应用风险程度，对人工智能的不同应用进行针对性监管。为避免“人工智能 + 教育”

---

① 杨俊锋:《生成式人工智能与高等教育深度融合：场景、风险及建议》,《中国高等教育》2024 年第 5 期。

应用的潜在风险，一方面，需落实相关举措，以确保人工智能技术的价值性设计符合“人”的价值判断、道德信念，教育教学发展的客观规律，符合师生发展的特征；换言之，要从教育价值的角度进行技术设计，将公平、正义、隐私等伦理道德要求，写入其算法之中，确保人工智能技术开发与教育应用的透明度和安全性。另一方面，应加强对人工智能应用于教育过程的监管，对其生成内容、应用方式、应用价值、应用人员等进行统筹管理和评估，有效提升“人工智能 + 教育”的应用效益。

2. 加强人工智能素养与伦理教育，创建“人工智能 + 教育”发展新生态

作为推动教育变革发展的重要力量，教育工作者首先要提升自身的人工智能素养，在掌握必要的工作原理并正确灵活应用于教育教学的基础上，加强对学生人工智能素养、伦理道德的培养。这样既可以帮助学生尽快适应快速发展的人工智能环境，构建人工智能课程知识体系，又可以激发学生规范应用人工智能技术的潜力，促进个体综合全面发展。

3. 多主体相互协同，推动人工智能技术赋能新质人才培养

协同作战与协作互助是最大限度发挥人工智能与教育融合应用潜力的关键。人工智能专家、教育工作者和政策制定者等相关群体需要紧密合作，共同营造有利于人工智能与教育协同发展的环境，推动新型人才培养计划的落实。首先，人工智能专家与教育工作者应建立紧密的合作关系，共同设计出发挥人工智能技术优势的可行性方案。其次，促进国际交流与合作至关重要。人工智能的研发与应用是全球性课题，涉及的技术、伦理和社会影响需要跨国界的协作。最后，发展与人工智能技术相匹配的新型人才成为当务之急，只有培养出能够适应并推动技术发展的新质人才，才能为科技创新提供强大支撑，并为社会创造更高质量的生产力。

第二章 “人工智能＋教育”典型应用场景

当前，教育全链条都在积极引入智能技术以推动基础教育阶段的教育发展与创新，“信息科技”等学科要求学生建立对人工智能技术的认识，从而实现核心素养导向的智能启智。高等教育阶段，正在开展人工智能跨学科人才培养体系建设工作，成立人工智能教育研究院、跨学科共建智能教育学科等，促进高层次人才教育。职业教育阶段，通过虚拟仿真实验、数据画像等智能技术为学生提供更真实的技能培训环境、更强的就业竞争力和更精准的就业市场适配，为学生未来职业生涯赋能。在可见的未来，人工智能技术将更好服务终身教育，使得学分认定、资源获取、进度管理和评估评价变得更加便捷。

一、人工智能在高等教育中的应用

作为引领第四次工业革命的关键技术，人工智能是新一轮科技革命和产业变革的重要驱动力量。当前，以生成式人工智能为代表的前沿人工智能技术已广泛应用于社会多个领域，在教育领域的应用和成就尤为显著，“人工智能＋教育”日渐成为新趋势。

近年来，随着人工智能技术的飞速发展，其在高等教育领域的应用日益广泛，促进高等教育模式、教育理念和教学环境等发生重大改变，正在重塑高等教育的形态，高等教育面临着前所未有的机遇与挑战。人工智能技术的快速发展及其在高等教育领域的广泛应用，为教学、研究和管理等带来了革命性的变化。

在国家政策和产业界双重推动下，我国高校纷纷进行探索实践。2024年年初，教育部启动实施人工智能赋能教育四大行动，提出打造中国版人工智能教育大模型；同年4月遴选公布首批18个“人工智能＋高等教育”应用场景典型案例，并于7月组织开展第二批案例征集，11月公布32个典型案例，为人工智能在高等教育领域的应用提供示范和指导。随之，各地纷纷制定出台相关政策举措，加快“人工智能＋高等教育”应用场景落地。清华大学、北京大学、北京航空航天大学、北京邮电大学、天津大学等多所高校已启用AI助教系统、推出“AI+”课程；南京大学率先在全校开设人工智能通识课；同济大学等高校发布人工智能赋能学科创新行动计划；北京市属高校全面开设人工智能通识课。这表明人工智能在高等教育中的应用逐步深入，并涌现出了许多“人工智能＋高等教育”优秀应用案例。

习近平总书记指出，人工智能是引领新一轮科技革命和产业变革的重要驱动力，正深刻改变着人们的生产、生活、学习方式，推动人类社会迎来人机协同、跨界融合、共创分享的智能时代[①]。人工智能在高等教育领域的应用，不仅改变了传统的教学模式，也为规模化培养下开展个性化学习和研究创新提供了可能。在此简要梳理目前国内高校的探索实践，探讨总结人工智能在高等教育中的应用场景，分析其对教育模式、学习体验和学术研究的影响，并讨论与之伴随的风险与挑战，对其未来发展进行展望。

人工智能作为数字技术的核心组成部分，包括机器学习、知识图谱、自然语言处理、机器人与智能控制等，具有较大的应用价值与丰富的教育应用场景，在高等教育领域的应用前景广阔，为高等教育的教学、科研和创新应用带来了前所未有的机遇和挑战。目前人工智能在高等教育中的应用场景，主要围绕“教—学—管—评—测”进行探索，集中在引领支撑人才培养模式的创新、学科建设和科研创新，以及教育治理能力提升等方面。

① 《习近平向国际人工智能与教育大会致贺信》，新华社，2019年5月16日。

（一）人工智能赋能教育教学和创新人才培养

随着人工智能在高等教育领域中的应用不断拓展，人工智能赋能教育教学呈现出快速增长趋势。智能教育环境、个性化教学和教育数字人、智能辅导答疑、创建虚拟仿真实验室等正在逐步得到广泛应用。当前教育环境中的典型应用之一是基于自然语言处理和计算机视觉等关键技术，构建以智慧教室为代表的智能教育教学环境。建设具备感知和交互能力的教学环境，可以采集多模态的教育信息，满足多样化的学习需求，对教学过程进行深度评价和分析。例如，通过体态和语音识别技术，可以对教师的教学模式进行自动分析；通过情感计算与机器学习技术，可以对学生的学习行为、情绪、专注度等进行自动分析。以此为基础，它可以进一步对教学效果进行多维度、过程性评价，深入分析教师授课风格及与学生的情绪契合度等，从而推动精准化教学、个性化教学。

此外，近年来许多高校纷纷成立人工智能学院，开设不同层次的人工智能通识课和高阶课程，通过 AI 助教系统赋能教与学，探索真正实现以学生为中心，满足学生的个性化需求，不断提升学生的学习效果；一些高校正在推动课堂教学模式、教育方式和教学方法改革，重塑教育形态、推动高等教育创新发展。例如，北京邮电大学的码上平台率先启动大模型赋能编程教学的探索。截至 2024 年 9 月，北京邮电大学已开设 115 门课程，接入了全国 360 多所高校。2023 年底以来各高校纷纷探索用 AI 改变教育教学模式。清华大学启动人工智能赋能教学计划，以千亿参数多模态大模型 GLM 为平台与技术基座，研发出多个 AI 助教系统，服务不同学科领域的教师的教和学生的学。北京大学、北京航空航天大学、哈尔滨工业大学、南开大学、浙江大学、同济大学等也在推行 AI 助教系统。这些 AI 助教系统不仅能够提供 24 小时的个性化学习支持，包括辅导答疑、自动出题和答题、智能评估和反馈等，还能提供丰富的基础知识支持。它能作为全天候的即时反馈平台，辅助启发学生进行深入思考，激发学习灵感，促进个性化学习，同时推动教务管理从“经验决策”转向“数据决策”。

此外，各高校也在积极探索将人工智能应用于教育教学其他环节，促进提升人才培养质量。例如，西安电子科技大学打造人工智能赋能教学督导新模式，启动了教学质量提升新引擎；北京师范大学创新“AI+”课堂教学智能评测系统，通过整合多种人工智能与数据分析技术，构建了全面的课堂教学过程化智能评测系统，实现更加精确的教学过程化监控；华中师范大学自主研发数字课程资源智能评价系统，运用多模态分析与大语言模型，构建“实时监测—精准诊断—动态提升”治理闭环；北京工商大学通过承办“教育数字人大赛”，为数字人在教育中的应用、实践和合作交流搭建平台。

（二）人工智能赋能学科建设与科研创新

人工智能在高等教育领域的应用不仅改变了传统的教学模式，也为学科建设和科研创新提供了新的工具和平台，加速了知识和科技创新与传播，为解决复杂问题提供了全新的视角和方法。通过应用数据挖掘与分析、智能算法应用等人工智能技术，人工智能可以实现自动化数据分析、智能文献检索以及辅助实验设计和开展虚拟仿真实验等，从而促进跨学科合作、推进学科交叉融合、优化科研流程、加速知识创新等，极大地提高了科研效率和质量，加快知识和科技创新。

从当前发展趋势来看，人工智能将会渗透到理、工、农、医、文等各类学科建设中，在赋能传统学科和推动学科交叉融合方面发挥重大作用，从而衍生出新的学科增长点，促进产生新的研究方向，推动交叉学科知识创新发展，形成多学科深度交叉、协同发展的局面。例如，以人工智能技术的新发展为驱动，可以利用大数据技术对学科发展目标重新定位、对学科体系进行动态调整，前瞻性预测未来学科变革和规划，支撑传统学科内涵的提升，支持其他学科在理论分析、实验发现、数据处理、研究范式等方面不断进步。例如，同济大学已经初步探索了“人工智能＋学科建设”的实践路径。同济大学依托优势与特色学科逐步开展平台布局和队伍建设，主动与前沿趋势、社会需求相结合，充分发挥同城协同与校际优势互补的作用，经过十余年的积淀，建成了智能科学及其相关领域的一流学科与科研平台，形成了智能传感与信息融合、智能认知与智能计算、自主决策与优化控制等前沿学术方向，在人工智能领域的多项研究成果已成功实现产业应用并取得了显著的效益。

（三）人工智能赋能高等教育治理创新应用

为推动高等教育新一轮创新与变革，许多高校加快步伐，积极探索“AI+”行动，赋能管理和服务的应用落地场景，以人工智能生成内容（AIGC）为核心，结合语音转换和识别、3D 数字人渲染等相关技术，构建以大模型应用开发平台与便捷式智能化对话问答为主的智能助手门户，包括智能教育平台、智慧校园管理和服务等，面向学校师生提供内容生成、交互问答等多种 AI 应用服务。例如，浙江大学的“浙大先生”积极探索了学校教育领域大模型应用体系建设，浙江大学依托学校专有云服务架构和“西湖之光”超大规模算力资源池等，实现资源高效整合、多模型适配兼容和生态开放与共享，为师生提供高度契合的专业化服务。2024 年秋季学期，清华大学为每名入学的新生提供人工智能助手，北京航空航天大学推出“小航”AI 助手，打造了支撑学、研、管“三位一体”的开放式私域大模型，不仅实现了私域数据的自主可控和协同计算，还具备领域知识的专项学习能力，能够在校园学习、科研和生活等各领域发挥助学、助研和助管的作用，充分满足全校师生的应用需求，成为师生学习、工作和科研的得力助手。

这些院校的实践探索，展现出人工智能技术在提升校园安全、优化资源配置、提高决策效率、促进环境可持续发展等方面的积极作用。高校通过视频监控、人脸识别、行为分析等手段，可以有效提升校园的安全管理水平；通过大数据分析和预测模型，高校能够更合理地分配和利用资源，提高运营效率和后勤保障服务质量。例如，实时监控和智能分析可以帮助学校管理者及时发现并处理校园内的异常行为，保障师生安全；借助大数据技术搭建校园数据中台，综合相关系统中大量的校园数据，学校能够为管理层提供基于数据的决策依据，为高校的战略规划和日常管理提供科学支持。人工智能在校园环境监测、节能减排、绿色校园建设等方面也展现出巨大潜力。通过智能传感器和数据分析，高校能够更好地监测和治理校园环境，促进节能减排和可持续发展。基于人工智能技术开发和完善校园智能治理平台，学校管理者可以整合校园数据资源，提供一站式的校园治理服务，提升校园治理效率。基于人工智能数据分析提升决策质量，学校管理者可以根据师生的需求提供个性化的服务，提升校园生活体验。

由上述实践可以看到，在数智时代人工智能的浪潮中，我国各地高校高度重视新型人工智能技术的影响，积极采取措施应对变革，不断促进人工智能深度融入教育教学、人才培养和管理服务等各方面工作，在数字基座建设、智慧教学创新应用、人工智能赋能师生管理服务等方面开展深入合作，培养适应数智时代的新质人才，为加快推进我国教育现代化提供新动能。在推进人工智能赋能高等教育的同时，也要高度重视可能带来的潜在风险。例如，面对数据隐私与安全存在挑战、教育资源不平等、过度依赖人工智能、缺乏情感支持、人际交往能力减弱等问题，要坚守高等教育的伦理边界，在高校中合理地、负责任地应用人工智能，在激烈的国际高等教育竞争中抢占制高点、塑造新优势、实现新突破。

二、人工智能在职业教育中的应用

职业教育作为教育体系的重要组成部分，目标是培养具有实际操作能力和职业技能的高素质技能型人才。随着产业升级和经济发展，职业教育必须不断创新和改革，以适应社会对技能型人才。人工智能技术的应用为职业教育提供了新的可能性，通过智能化、个性化的教学手段，可以显著提高教学质量和效率，培养更加符合市场需求的技能型人才。

近年来，人工智能技术在职业教育领域的应用日益广泛，涵盖了教学、实训、管理和评估等多个方面。许多职业院校已经启动了人工智能赋能教学的探索，如启用 AI 助教、推出“AI+”课程、建设虚拟仿真实训基地等。未来，人工智能将在职业教育中发挥更大的作用，特别是在个性化教学、智能化教学环境、虚拟仿真实训等方面。随着技术的不断进步，人工智能将能够更准确地识别学生的学习需求，提供更加个性化的学习支持，帮助学生更好地掌握职业技能。同时，人工智能技术还可以提高教学管理的效率，为职业教育的创新和发展提供强有力的支撑。

（一）智能教学管理平台提升管理效率

人工智能技术可以帮助职业院校建立智能教学管理平台，实现教学资源的高效管理和教学过程的智能化监控。通过大数据分析，平台可以提供基于数据的决策支持，帮助管理者优化资源配置，提高管理效率。

南京信息职业技术学院建设了智能教学管理平台，利用人工智能技术对教学资源进行优化管理。平台能够自动分析课程的教学效果，根据学生的学习情况和教师的教学表现，提供改进意见和建议。此外，平台还能够实时监控教学过程，及时发现和解决教学中的问题，提高教学管理的效率和质量。北京电子科技职业学院利用人工智能技术建立了智慧教室管理系统。系统通过安装在教室中的摄像头和麦克风，采集师生的多模态信息，进行实时分析和反馈。教师可以随时了解课堂的学习情况，调整教学策略，学生也能够获得更加个性化的学习支持。

（二）智能评价系统赋能教学质量评估与持续改进

人工智能技术可以用于教学质量的评估与改善。通过情感计算和机器学习技术，可以对学生的学习行为、情绪和专注度进行自动分析，生成详细的评估报告，帮助教师了解学生的学习状况，改进教学方法。

成都铁路卫生学校开发的 AI 评课系统，通过自动采集课堂上的互动信息、学生参与人数和实时数据，生成课堂报告和视频，并进行量化评价。该系统支持远程观看和在线评价，打破专家听评课与教师授课的时空限制，提高了评课效率和质量。陕西铁路工程职业技术学院开发了智慧监测和评价系统，对学生进行全过程素养监控，并进行交互测评优化与反馈。该系统能够精准识别和反馈学生的学习状态和个人素养，实现教学质量的持续提升。贵阳幼儿师范高等专科学校构建了一个多类、多维的三级教学质量评价指标数据模型，通过多源数据融合决策方法，实现从课堂环境、教学内容、教学效果、课堂结构 4 个维度进行核心指标融合与权重计算。该系统利用深度学习和智能分析让数据应用更精准，从而为信息化应用平台提供人工智能技术在职业教育数字化转型中的应用方式及典型应用案例。

（三）生成式人工智能技术帮助生成教学资源

生成式人工智能技术可以通过自然语言处理和深度学习，自动生成教学内容、问题和答案，提供个性化的学习材料。生成式人工智能技术在职业教育中的应用可以显著提高教学资源的丰富性和灵活性，满足多样化的学习需求。

在无锡科技职业学院的“平面设计基础”课程中，AIGC 技术被用于提升学生的设计能力和创新思维。通过使用 Adobe Firefly 和 FontJoy 等工具，学生们在设计项目中生成创意图像和图形元素，显著提高了设计项目的创新性和专业水平。实验组学生在课程结束时的作品表现出更高的创新性和专业性，同时学习满意度和动机也显著提高。

（四）数字人技术助力实现双师协同教学

数字人技术通过 3D 建模和自然语言处理，可以创建逼真的虚拟教师或助教，为学生提供互动式的学习体验。数字人技术的应用可以弥补教师资源的不足，提供全天候的学习支持，提高学生的学习兴趣和参与度。

江西工程职业学院通过虚拟数字人教师项目，为学生提供远程答疑、教学助教等支持服务。这些虚拟教师可以完成学校的政务宣传工作，并实现双师协同教学，为教学提供支持服务。山东轻工职业学院的纺织专业学生在 3D 虚拟服装设计实训室中进行学习，学校将服装面料数字化，将 3D 人体测量、3D 服装建模设计等最新技术融入教学内容，提升学生的实践技能。

（五）知识图谱和虚拟仿真融合提高学生学习效果

知识图谱技术通过构建领域知识的结构化图谱，可以帮助学生更系统地学习和理解专业知识。知识图谱技术还可以用于智能推荐系统，根据学生的学习情况和兴趣，推荐合适的学习资源和课程。四川交通职业技术学院轨道交通工程系开展了“城市轨道交通电动列车驾驶”课程的知识图谱建设项目。该项目通过梳理课程结构、知识点关系等，建立了知识图谱、能力图谱和问题图谱体系，并以可视化的方式展示课程知识图谱建设成果。河南经贸职业学院在该校精品在线开放课程建设项目中，支持学生通过网状知识图谱查看掌握度，支持放大、缩小知识图谱并搜索知识点，从而帮助学生更好地掌握课程内容。

虚拟仿真技术通过虚拟现实（VR）和增强现实（AR）技术，可以为学生提供逼真的实训环境和操作体验。这不仅能够提高学生的实训效果，还能节省实际操作中所需的成本和资源，为教学质量的提升提供新的手段。深圳职业技术大学利用虚拟仿真技术，以“思政引领、服务专业、支撑产业”为建设原则，坚持内涵式、特色化、国际化的发展策略，建设了一个以扩展现实、人工智能、5G等先进信息技术为基础，以先进教育理念为引领，具有较高技术含量和鲜明特色的智能ICT虚拟仿真实训基地；建立“一平台三中心”，包括智能ICT教育元宇宙虚拟仿真平台、ICT专业教学实训中心、ICT公共虚拟仿真实训中心、ICT虚拟协同创新中心；建设ICT虚拟仿真教学体系，包括4个层次的40门左右课程开发，如ICT公共基础课、ICT专业核心课、虚拟仿真赋能课和虚拟仿真资源课。

总之，人工智能技术在职业教育教学中的应用已经取得了显著的成效，通过智能化、个性化的教学手段，显著提高了教学质量和效率。然而，未来的应用过程中仍面临教育资源不均衡、过度依赖人工智能等挑战。职业院校应合理利用人工智能技术，结合传统教学模式，培养符合市场需求的高素质技能型人才。同时，职业院校应加强师生的情感交流，注重实践教学和团队合作，促进学生的全面发展。

三、人工智能在基础教育中的应用

基础教育的质量直接关系到国家的未来与民族的希望。从口语交互到智慧学业，从作文批改到智慧体育，再到智慧心育、智慧学伴、智能画像以及AI教师平台，人工智能正逐步构建起一个全方位、个性化的教育生态系统。这些应用场景不仅丰富了教学手段，提升了教学效率与质量，而且在尊重学生个体差异、实现因材施教方面展现出巨大潜力。

（一）智能口语交互

智能口语交互基于大语言模型的英语口语数字人，为学生提供个性化的语言学习平台，帮助学生提高口语能力，并增强学生口语交流的信心；为教师提供高效、便捷的英语口语教学平台，便于他们在课堂上便捷进行英语话题的延展、讨论、展示，提升英语口语的教学效率和质量。大语言模型可以提供个性化和适合的口语训练对话内容，以适应不同学习者和教学者的需要；擅长理解并生成自然语言，创建接近真实对话的模拟环境，提高口语训练价值；具有丰富的语言学习资源，包括各种类型的对话场景，满足教学和学习需求；能够评估用户的发音和语法，提供准确的纠正和反馈报告。

网易有道推出用于口语对话的“小 P 老师”，该系统集成了多种场景下的互动答疑与交互功能，并且在知识记忆、多模态理解和逻辑推理等方面有所提升。目前“小 P 老师”已在家庭辅导和语言学习两大教育场景落地。在语言学习场景中，有道词典 10.0 版本融入了智能助手小 P，利用大模型的问答交互能力，重塑了用户与词典的互动方式。此外，网易有道还推出了“有道小 P”独立 App，可以在手机端便捷使用，随时答疑。目前，该系统已在北京、杭州的部分中小学开始试点应用。

（二）智慧学业管理

在不改变学生作业作答习惯、教师批改习惯的情况下，教育大模型能够对学生作业进行采集并智能分析，自动识别错题并生成错题集，学生可通过终端获取错题讲解，同时生成个性化习题册，帮助学生进行个性化学习，使学生学习高效、教师因材施教。应用教育大模型对学校教育管理、区域教育决策有重大意义，实现了教育数据化、精准化、科学化。大模型在智能测试与评估方面也取得了显著进步，特别是在主观题评分上，能够更精准地给出分数并详细解析扣分点，为学生提供更加精准、全面的学习反馈。这不仅提高了测评的效率和准确性，还有助于学生自我提升。

上海市教育委员会启动了对物理、化学、生物中考的人工智能自动赋分的探索。在不改变学生实验环境与实验器材的情况下，主要通过主侧多个摄像头，动态采集学生实验过程中的视频数据。通过定义关键考评点、结合大量学生实验视频的分段训练，能够对考生进行的特定实验进行自动化赋分。

（三）智慧作文批改

教育大模型可以赋能智能终端设备，利用 OCR 图像识别、人工智能引擎等技术，实现语文、英语作文的自动评分与智能批改，帮助教师减轻评阅工作量。基于“教育”大语言模型对作文从评级、评语、佳句和建议等维度给出批改结果，自动对作文内容进行总结和评价，对作文中写得较好的句子进行提炼及点评，提出作文改进的具体建议，帮助学生精准掌握自己的错误类型和错误内容，并为教师提供分析报告以及每位学生的作文原卷和批改详情，供教师针对性指导教学及学生作文提分使用。

2022 年北京市怀柔区第五中学依托云思智学智慧教育平台，在初一年级开展了高质量作业解决方案的试验。该学校经过两个月的实践，作业实现了设计精细化、分层个性化以及作业管理的数字化，学校作业从“题海战术”变为“靶向作业”，实现作业的“减负提质”。

（四）智慧体育

人工智能依靠教育大模型的姿态检测、骨骼分析、动作矫正的能力，借助有道趣动屏、智能摄像头等硬件，结合趣味化的功能设计，实现无感知、智能化的锻炼、教学、评价一体化应用。平台通过智能环境、智能算法的打造，自动采集学生课中及课后运动数据。将设备拍摄的各项运动视频和数据，由系统整理归纳总结，自动生成运动的周报和月报。报告包含优秀班级视频介绍、优秀学生运动视频介绍等，视频的解说能够针对运动的情况进行精准总结和提炼，大大减少教师工作量，有效提升学生运动成绩，培养学生的良好运动习惯。

中国人民大学附属小学在体育教学中引入人工智能技术，包括动感单车、划船机等。动感单车将骑行与游戏情景化相结合，学生在同一个情境中进行运动竞赛，参与吃金币得分巧计算、体育加智育运动答题、竞速模式快慢速结合训练，让孩子们乐此不疲，丰富了课间 15 分钟的活动选择。划船机已经课程化，学生在划船机运动中生成实时数据，根据运动建议及时调整、科学训练。

（五）智慧心育

智慧心育依托教育大模型强大的在线教育、大数据、人工智能技术优势，将人工智能技术、大数据分析技术与心理测评应用实践和心理健康管理需求相结合，以智能信息化管理为依托，推行校园心理健康服务体系，提供科学、快速、有效的一站式智能管理平台。平台利用智能问答模型强大的问答功能和交互式数字人技术（定制学生喜爱的卡通形象），为学生提供个性化的一对一心理辅导服务，有效地缓解心理压力，促进学生群体以及学校的整体发展。

2024 年 5 月，北京市史家胡同小学引入心理小屋，包括科大讯飞研发的 AI 心理伙伴，目前还在试用阶段。相关报道显示，AI 心理伙伴基于 10 亿多条心理类数据、40 多万篇期刊文献、100 多个脱敏心理对话案例、550 多万个心理评估数据进行训练，具备多模态情感识别能力、共情表达能力、寻因式提问能力、个性化心理指导能力。

（六）智能画像

智能画像利用 AI 课堂分析反馈系统采集日常教学视频，根据出具的课程报告内容整合数据，形成教师发展与课堂质量大数据。平台将教师重点关注的数据，如高阶思维问题、课堂教学设计等级等数据综合展示，用图表、指标卡片等视觉化方式展示数据，使复杂的数据信息更易于理解和分析，并对数据进行深度挖掘和及时更新。

人工智能技术能够精准地分析每位学生的学习行为和需求，提供个性化的学习内容和路径。这种“千人千面”的教学方式，有效解决了传统教育模式中“一刀切”的痛点，使得每个学生都能获得最适合自己的学习内容。基于独有的知识图谱和 MCM（Mode of Thinking，Capacity，Methodology）图谱，大模型能够真正提高教学效率，并且把每个孩子的个性、特长、潜在优势充分发挥出来，真正做到以 AI 赋能教育生产力高效释放，深度赋能因材施教和五育并举。

在杭州市春晖小学，学生从一年级入学开始，每个学期末都会收到一份综合素质评价报告。这套评价体系依托学校自主研发的数据系统，记录每一个孩子的学科成绩、行为表现、习惯养成等。教师、学生、家长都可以参与评价，形成一套全程、全员、全方位参与的小学生综合素质评价报告，并通过柱状图、折线图等进行数据可视化呈现。

（七）AI 教师平台

AI 教师平台利用人工智能技术帮助教师快速完成知识点提炼、分类，知识图谱建立等工作。教师可以通过文字描述需求形式，使 AI 智能完成教案或教案中所需的文案、图片、习题等内容，并将教案资源直接转化为课件，从而提高备课效率和质量，助力个性化教学。平台通过分析教师上传的资料，深入分析教师工作内容，调研教师工作习惯，帮助教师进行教学资源管理的全场景落地；通过对上传和生成的资料内容的理解，辅助教师建立自己的教学资源库。同时，AI 教师平台能够实现校内教师教学资源共建和共享，建立并不断丰富校本资源库，提升学校教师整体教研及教学水平。

例如，2023 年 4 月起，新东方研发面向教师用户的 AI 教师服务平台。该平台主要包括 AI 教学资源和 AI 教师工作台两大核心功能，适用于教师学习、备课、整理教学资源等场景。利用 AI 教师服务平台，教师可以对日常教学积累的教学视频进行快速处理，构建出成体系的覆盖知识点和教学大纲的视频资源库。同时，AI 教师工作台可以帮助教师高效利用现有资源，通过 AI 的辅助推荐与编辑功能，对资源进行个性化的加工与管理。

（八）师生人工智能素养

师生人工智能素养是指教师和学生在智能时代应具备的与人工智能相关的知识、技能、思维和伦理等方面的综合素养。2024 年 8 月，联合国教科文组织面向全球发布了《教师人工智能能力框架》（*AI competency framework for teachers*）与《学生人工智能能力框架》（*AI competency framework for students*）。其中，在《教师人工智能能力框架》中，联合国教科文组织从以人为本的思维方式、人工智能伦理、人工智能基础和应用、人工智能教学法和人工智能专业学习 5 个方面，在习得、深化和创造 3 个等级维度下，概述了包括社会责任和应用技能等在内的教师应具备的 15 项能力。

2024年年初，北京市海淀区教育科学研究院以“海淀教育与大模型”为主题，面向中小学教师开展人工智能素养进阶提升培训。培训内容涵盖人工智能在教育领域应用的多个方面，包括发展现状、政策导向、前沿科技的应用、发展治理、数字化转型、教育影响、创新实践、赋能教育的场景与应用、跨学科教学、创新人才培养以及智能时代的教学革新等。培训结合大模型的特色，引入银河大模型、“子曰”教育大模型、讯飞星火认知大模型、日日新大模型、智谱大模型等，旨在帮助教师全面了解人工智能在教育领域的应用与前景。

四、人工智能将更好服务终身教育

联合国教科文组织认为，教育应该是一个终身的过程，包括生活的各个方面；终身教育的根本目的是培养完人；教育是一项基本的权利，人人都可享有；教育的民主应建立在自由、平等、尊重主体能动性和鼓励创造的基础上[①]。

终身教育旨在培养完人，即培养具备全面发展能力和素养、能够开展自主学习的个体。学习者的综合素质，包括知识、技能、情感态度、价值观等方面。人工智能可以通过提供多样化的学习资源、情景模拟、社会实践等方式，帮助学习者全面提升自己的综合素质。例如，通过虚拟现实技术模拟真实场景，让学习者在虚拟环境中进行实践和学习，从而提升其实际操作能力和问题解决能力。自主学习能力意味着学习者能够持续不断地学习和成长。人工智能可以通过提供智能化的学习助手、学习社区、学习资源推荐等方式，激发学习者的自主学习兴趣，培养其自主学习的习惯和能力。同时，人工智能还可以提供学习进度跟踪、学习成果评估等功能，帮助学习者更好地掌握自己的学习状况，调整学习策略，提高学习效果。

（一）智能学分银行

智能学分银行是以终身教育理念为指导，模拟、借鉴银行的特点，以学

① 朱敏、高志敏：《终身教育、终身学习与学习型社会的全球发展回溯与未来思考》，《开放教育研究》2014年第1期。

分为计量单位，对学习者的各类学习成果进行统一的认证与核算，是具有学分认定、积累、转换等功能的新型学习制度、教育管理制度和学分管理机构。智能学分银行不是真正意义上的银行，而是借鉴了银行的存储、汇兑等功能，但存储和汇兑的是学分而非货币。

智能学分银行能够有效打破终身教育各类学习间的认证壁垒，帮助个人和企业建构自身的知识体系。学习者可以通过学分银行随学随存学习成果，并将其兑换为符合用人要求的成果。同时，为学习者和社会成员提供更多灵活多样的学习通道和优质的学习资源，激励其不断学习，保障其利益的最大化，从而推进全民终身学习和学习型社会的建立。智能学分银行可以不断拓展应用场景，通过学分互认和各类学历、学位、技能等级证书互认，促进普通教育和职业教育的融合发展，以及正规教育与非正规教育的融合发展，推动教育资源的优化整合。

（二）课程智能推荐

课程智能推荐是一种利用数据挖掘、机器学习等人工智能技术，根据学习者的学习行为、兴趣爱好、历史选课记录等多种因素，为学习者提供个性化的课程推荐服务的系统或方法。它通过分析学习者的个人特征和需求，从庞大的课程资源库中筛选出最符合学习者当前状态和未来目标的课程，从而帮助学习者更高效、更精准地选择适合自己的学习路径。

在终身教育体系中，学习不再是阶段性的任务，而是伴随一生的过程。课程智能推荐能够持续为学习者提供符合其当前发展阶段和未来目标的课程推荐，助力终身教育体系的构建。每个人的学习需求和兴趣都是独特的，课程智能推荐能够尊重这种差异，为学习者提供量身定制的学习方案，促进个性化学习的发展。当学习者发现被推荐的课程与自己的兴趣和需求高度匹配时，他们的学习动力和兴趣会得到极大的提升，从而提高终身学习的积极性。

（三）情感与社交服务

随着人口老龄化问题愈加凸显，人工智能可为终身教育中的情感发展和社交需求提供支持。人工智能可以通过情感计算、自然语言处理等技术，为学习者提供情感支持和社交互动的机会。例如，智能聊天机器人可以与学习者进行情感交流，为其解答疑惑，提供心理支持；学习者可以在学习社区结识志同道合的朋友，共同追求学习和成长的目标。这种社交关系不仅有助于学习者的个人发展，还可以为他们提供情感上的支持和慰藉。

人工智能还有助于构建更加开放、灵活、包容的终身学习体系。终身教育学习时间跨度大、学科种类多、评价方式与结果更复杂。人工智能技术以智能化、个性化的方式，持续跟踪学习者的学习轨迹，从知识掌握到技能提升，从思维发展到情感态度，全方位捕捉学习过程中的点点滴滴。终身教育打破了传统教育的时空限制，使得学习不再局限于校园和课堂，而是可以随时随地进行。人工智能还能够为不同背景、不同能力的学习者提供平等的学习机会，促进教育公平与社会进步。

第三章 "人工智能 + 教育"关键技术

一、教育领域人工智能技术应用的层次与分类

教育场景丰富，"人工智能 + 教育"的应用场景也非常多。从具体案例来看，人工智能技术在教育场景的应用是多层次的复合型技术应用，同一教育应用场景可能汇聚了多种不同的人工智能技术，而同一种人工智能技术也可能在多个不同教育应用场景中有所应用。从各个教育场景去分析人工智能技术，很容易产生重复，因此本章采用传统信息系统的分类方法，对"人工智能 + 教育"的关键技术进行分类。其中，信息系统的技术框架如图 3–1 所示。相关的流程步骤可划分为：硬件及资源管理、数据管理、分析与决策、业务流程管理、人机交互和监控维护（含安全）。虽然目前市场上也有智能学习机、教育机器人、智能黑板等软硬件一体化的 AI 系统，但其人工智能部分主要仍由部署在云端的模型提供，因此本章后续描述中，仅讨论算力资源在云端的 AI 技术。

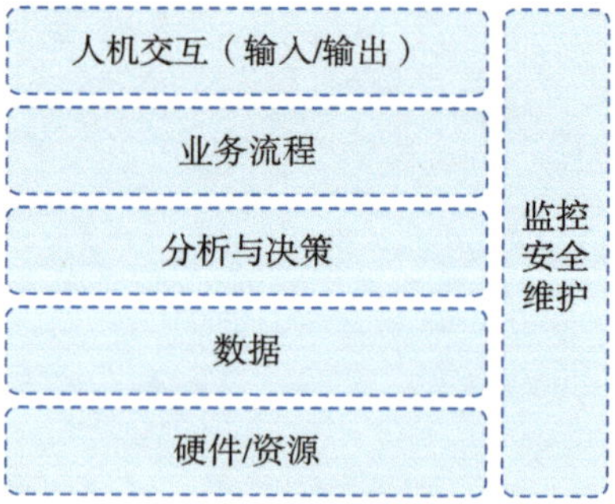

图 3–1　信息系统技术框架

资料来源：作者自制。

在教育领域，人工智能的部分应用技术与其他领域存在共性。例如，分

析学生课堂行为状态的动作行为识别技术、将教师授课内容转化为文本的语音识别技术等，均属于人工智能共性技术范畴。然而，鉴于教育领域的特殊性，其对人工智能技术应用的伦理问题需给予重点关注。尤其是 AIGC 技术生成内容的公平性、客观性，以及人机交互过程中对使用者情绪、价值观念等层面可能产生的影响。因此，基于人工智能技术发展层次，“人工智能 + 教育”的关键技术可划分为共性技术与教育领域专用技术。其中，人工智能在教育领域的专用技术可进一步细化为两个维度，一是聚焦于教育场景中的业务流程与内容，如课堂教学等；二是围绕场景中的人工智能使用者展开，如基于教育学、心理学理论研发的智能交互系统。因此，从分层视角来看，教育领域的人工智能技术体系可归纳为人工智能共性技术、教育内容业务相关技术，以及融合教育学、心理学理论的人工智能技术。

基于上述对教育领域人工智能技术应用的分层与分类方法，“人工智能 + 教育”关键技术如表 3–1 所示。

表 3-1 “人工智能 + 教育”关键技术

		数据管理	分析与决策	人机交互	监控维护
人工智能共性技术		数据采集与预处理技术 数据生成技术 数据自动维护技术	知识表示与推理 预测性分析 控制规划调度	+ 机器人学	教育流程安全管控 AI 工具评测（效果、效能、安全、偏见、价值观等） 系统可靠性保障与自动维护技术
人工智能在教育领域的专用技术	教育内容业务相关的人工智能技术	跨模态教育信息对齐	*AI 支持的教育评价 AI 支持的教育管理 AI 支持的区域教育分析决策	教育元宇宙	教育数据安全管控 AI 教育系统安全管控
	教育学、心理学赋能的人工智能技术	* 教育知识图谱构建 学科知识库构建	* 师生个人画像技术 * 个性化教学 教学数据分析技术 学习机制研究	教育个性化智能体构建 +AI 支持的心理评估与干预	+ 用户使用体验监控与优化 + 教育流程问责管理 + 学生福祉相关评价技术

资料来源：作者自制。

注：因篇幅有限，表格内仅列出目前主要在使用，或关注度高、值得突破的技术大类。其中，有 * 的，表示该技术属于自适应学习相关技术；有 + 的，则表示该技术属于教育伦理相关的技术。

二、教育领域应用的主要人工智能技术

本部分主要根据表 3–1，选取在教育领域已经开展应用的人工智能技术予以介绍，在人工智能共性技术层面，预测性分析、控制规划调度和安全可靠性保障等技术，因与其他领域功能类似，故未单独列出。

（一）人工智能共性技术

1. 数据采集与预处理技术

数据采集是所有信息分析和决策的基础。然而，并不是采集的所有数据都可以被使用，例如在人脸识别技术商用以前，图像、视频等数据往往仅被用作素材、宣传资料等，其目的主要是视觉展示和信息传递，而不是被用作算法分析。目前计算机视觉、听觉、跨媒体大模型等人工智能技术，结合监控系统、视频会议系统、穿戴设备等，在课堂、体育运动等场景可采集到以往不被人注意的数据信息。

数据预处理是指在对数据进行数据挖掘等主要处理以前，先对原始数据进行必要的清理、集成、转化、离散、归约、特征选择和选取等一系列处理工作，达到挖掘算法、进行知识获取研究所需要的最低规范和标准。随着人工智能数据采集识别技术的发展，多种来源、多种格式的数据需进行对齐，以便后续进行跨模态分析。另外，在训练数据集构建的时候，应对数据的公平性作矫正，数据的自动增长、自动补齐也需要遵循智能教育伦理的要求。跨模态大模型依托对各类媒体数据的理解能力能够很好地在数据对齐、补充、矫正等方面提供支持，但教育场景的丰富程度对跨模态数据对齐的理解要求很高，目前大模型的泛化能力依然较弱，需要针对特定场景进行微调和强化训练。

2. 数据生成技术

无论是出题，还是写作，教育领域的数据生成需求层出不穷。以大模型技术为主的各类数据自动生成技术，能够模拟人类出题专家的思维过程，自动生成符合教学要求的高质量题目；可协助教师检索和生成教案、课件、作业、学生评语等教学文案，以及生成计划、新闻、总结等日常文案；也可应用于教育领域大模型训练所需的数据集构建以及智能体学习环境中复杂场景的设定。大模型技术的幻觉问题是目前阻碍数据生成的最主要障碍，大模型可能生成无法计算或完全不合理的题目，且无法自动识别出错误，此类问题仍需依靠专业教师进行审核。

3. 数据自动维护技术

随着科学技术的发展，学科知识图谱与知识库的更新需求越来越大，数据自动维护技术的重要性开始体现。目前主要通过经训练的专业大模型，开展对论文、著作、教材及政策文件等学术资料的主动收集和智能清洗，通过解析各类文献资料中的关键信息，自动构建或更新知识图谱中的节点与关系，确保知识库的时效性和准确性。

4. 知识表示与推理

教育场景中最多的是知识的教与学，因此知识的表示与推理是人工智能技术应用到教育场景的重要部分。传统的知识表示，采用逻辑表示、语义网络表示、框架表示等技术，尤其是知识图谱技术；推理则主要基于规则，如专家系统。大语言模型（LLM）通过参数化编码将知识转化为模型权重，经海量多源文本训练形成复杂推理网络。因此，目前很多教育信息系统开发机构开始将关注点转移到训练具有特定学科知识的专用教育大模型，并与学科知识图谱结合使用。

5. 机器人学

机器人学主要研究机器人的控制与被处理物体之间的相互关系，以及机器人如何在各种环境中执行任务和与人类交互的技术。主要包括：机器人机构学，机器人感知、控制技术，以及机器人智能技术和交互技术，尤其是端侧 AI 技术。

在一些教育场景中，尤其是体育、劳技、演奏等与物理世界关联紧密的场景，使用虚拟教师、虚拟学伴可能无法达到最佳的个性化教学效果，因此，实体机器人教师、实体机器人学伴也是目前教育领域关注的技术方向之一。

（二）自适应学习相关技术

1. 教育知识图谱构建

教育与知识具有天然的联系，教育从本质上来说就是知识的创造、传递、接收和加工过程。知识图谱作为认知智能的关键技术基础，在教育智能化走向“认知智能”这一更高级的阶段中起着决定性作用。知识图谱的技术可应用于教育的各个场景，如学科知识图谱。知识图谱技术通过结构化数据建模，将知识点抽象为图谱节点，运用语义网络，父子层级、逻辑前置后置等关系，构建成系统化的知识点网络体系。知识库中的各种资源，比如视频、学习资料、试题，都可以链接到学科知识图谱中的知识点节点上，以显性化、可视化的形式，清晰呈现教育知识体系的内在逻辑架构与知识脉络。

教育知识图谱构建技术运用自动化与智能化手段，通过抽取、融合与加工多种来源的教育资源，如教材、论文、教学案例等，构建出结构化的知识体系。构建教育知识图谱有 3 个步骤：首先，使用自然语言理解或大语言模型技术提取实体、关系与属性，形成基础数据框架；其次，采用知识融合技术消除冗余与矛盾，确保知识的一致性与准确性；最后，通过知识加工，如本体构建与知识推理，丰富图谱的语义信息，形成可查询、可推理的教育知识网络。

2. 师生画像技术

用户画像指通过分析用户在互联网使用中遗留的信息，获得有助于提供精准的个性化服务的、描述用户特性和偏好的属性和指标的方法。用户画像主要依托知识图谱、大数据技术、自然语言处理等技术。

学习者画像有别于一般用户画像，它不仅需要对学习者学习行为和状态进行评估，更需要对其学习方法、能力获得、思维方式等层面的学习特征进行描述与刻画。学习者画像不仅是一个快照，其变化历史和当前状态对于后续的个性化学习同样重要。因此学习者画像不仅要能反映即时状态，也要可以反映演化过程。学习者画像主要应用于学习资源推荐、智能问答、学术社交资源构建、偏好预测、学业成绩预测、职业倾向预测、社交网络构建与挖掘、精准资助认定等场景。教师画像主要针对教师个体及群体的人事信息、科研项目、学科成果及教学状况进行精准刻画，主要应用于教师工作绩效评估、智能教学、教学策略推理、学情预警等场景。

3. 个性化教学

个性化教学，即尊重学生个性的教学。在人工智能时代，“个性化教学”

一词被赋予新的内涵，即利用先进的人工智能和大数据等技术手段，在保持现有师生比不变的前提下，实时追踪每名学生的学习过程，定位每名学生的薄弱点，基于学习者的精准画像，开发出针对性的提升方案。维果斯基的“最近发展区”理论提出，个性化教学主要包括：构建学生最近发展区可计算模型、配合细粒度领域知识的学科知识库、生成适合学生达到潜在发展水平的教学内容、搭建适合学生个人发展的学习架构，同时，配备具备学科知识且能根据学生的心理特征与价值观发展，提供情感支持与正向引导的智能助教与智能学伴；根据学生自适应学习效果评价，动态调整教学策略与资源，最终确保每位学生都能在最适合自己的节奏中稳步前进，实现个性化成长与全面发展。

（三）人机交互技术

1. 教育个性化智能体构建

教育个性化智能体是一种先进的人工智能应用，它通过构建能够自我学习和适应的大模型，为用户提供定制化的学习体验。经过特定学科知识训练的智能体能够很好地扮演虚拟教师或助教的角色，可以根据学生的疑问和需求，提供即时、准确的解答与指导，进一步提升学习效果。而包含各类特殊性格和能力设定的虚拟学生，可根据设定脚本在虚拟课堂上随机生成的状况，为师范生课堂实训提供帮助。在智能学伴及教育沙盘模拟等应用场景中，智能体可根据不同阶段学生主体的认知水平与能力水平，模拟出学生主体在学习或教学过程中的动态变化，以及符合心理学、教学规律的行为。目前教育个性化智能体的构建主要基于大语言模型或跨媒体大模型，并结合逻辑推理、情感计算和伦理合规监控等技术的支持。未来的教育个性化智能体将更多地关注持续学习、智能体认知迭代与行为演化，以及面向高阶思维培养的人机协同等技术。

2. 教育元宇宙

教育元宇宙不仅包含虚拟教学环境技术，更是人工智能、区块链、虚拟现实、增强现实、数字孪生、实时渲染与建模等多种高新技术的组合创新，形成由虚拟增强的物理和数字对象融合创造的教育领域虚拟空间集合。

一方面，孪生的虚拟沙盘作为真实世界的仿真试验场，可以快速高效地模拟出各种极端条件，且不必考虑教学的伦理风险问题，为教学设计、教育决策等需求提供了一个安全且可控的测试平台。另一方面，教育元宇宙通过构建沉浸式、交互性极强的三维学习空间，复刻物理校园的场景与功能，实现知识获取的个性化、学习路径的智能化以及教学资源的无缝共享，真正打破了物理与数字的界限，让学习成为一种探索未知、构建知识的奇妙旅程。

（四）教育学、心理学研究相关技术

1. 人工智能支持的心理评估与干预

支持教育领域的心理评估和干预的人工智能技术是一种创新的智能应用，它通过集成先进的算法和数据处理能力，为用户提供精准的心理评估和干预服务。在教育领域，目前主要结合基础大模型、心理学理论和评测方法，训练心理评估与干预模型，具体应用于心理测评数据分析统计、群体心理状态阈值衡量、个性化心理发展性评估、个性化情绪心理状态辨识与预警，以及情感机器人、AI 心理咨询、心理状态矫正和 AI 心理训练等方面。

2. 学习机制研究

人工智能依托在数据统计分析方面的优势快速在心理学、教育学研究中得到了应用。心理学、教育学研究者利用大模型来分析幼儿认知过程数据、学生学习过程数据，大模型尤其在情绪、社会认知、价值观等以往纯靠人工无法开展大规模或精细化研究的项目中得到广泛应用。而深度神经网络和大模型的出现，让人类认知、人类学习机制的研究有了新的方向和工具。利用深度神经网络模拟人类在处理视觉、听觉等感知任务时的认知过程研究，发现深度神经网络在某些方面表现出与人类相似的认知偏好。而大模型的智能涌现性能，在模拟人类知识学习任务中，也有一定的帮助。同时，人工智能技术还与具身认知等心理学理论的研究紧密联系，将助力共同探索人类心智与行为的奥秘。具身认知理论强调认知过程与身体、环境的紧密联系，而人工智能技术则通过模拟和解析这些复杂交互，进一步揭示了学习过程中的神经机制、心理加工过程及情境性影响。

3. 用户使用体验监控与优化

用户使用体验监控旨在通过实时监控和分析用户在教育系统、平台上的行为和反馈，评估系统业务流程的合理性和用户的操作便利性，对系统流程、交互界面等功能进行优化。相关的人工智能技术主要包括跨模态大数据分析、情感计算、个性化预测等。这些技术可以为非标准情况提供定制化的业务处理流程；可以根据用户操作的满意度和情绪以及非标准情况案例处理结果，对教育系统的流程、交互设计等模块进行合理合规的持续扩展、创建和改进；可以通过分析用户行为模式和历史数据，预测用户的个性化需求和潜在问题，提前干预，改善用户体验。

4. 教育流程问责管理

教育流程问责管理旨在提高教育系统决策透明度和责任追踪能力。在人工智能辅助的教育决策系统中引入类似 FAT-Forensics（公平性、可解释性、透明度）的工具，可以帮助教育管理者理解决策背后的逻辑，确保决策过程的合理性和公正性，同时提高决策的透明度。有教育技术支持的教学活动风险，有可能是产品研发人员导致的，研发人员问责制度可以辅助评估研发人员的工作表现和责任履行情况。大模型所具备的泛化理解能力使得教育流程实时监控与预警成为可能，通过实时监控教育流程的各个环节，从课程设计到教学实施，再到学生状况评估，确保每个步骤都符合既定的教育标准和伦理规范，并通过分析学生的学习成果和反馈，评估教育活动的质量。

5. 学生福祉相关评价技术

“学生福祉”是一个相对较新的概念，涉及学生在校园内外的整体幸福感和生活质量，包括情感、社交、身体健康、安全和心理状态等多个方面。与学生福祉相关的评价技术，不仅包括前文提及的师生个人画像技术、心理评估与干预技术等，还包括社交行为分析技术。通过分析学生的交流模式，识别并鼓励建设性的线上线下社交行为，引导学生形成健康的在线社交习惯，同时减少校内外的不和谐因素。要识别智能设备可能带来的负面影响，确保学生在享受科技便利的同时，能够保持身心健康，避免对技术的过度依赖。潜力评估与训练是人工智能技术在学生福祉领域的另一重要应用。通过评估学生的智力和体力潜力，人工智能可以为学生提供个性化的训练计划，激发他们的潜能，促进其在体质、智力和价值观方面的全面发展。这不仅有助于学生形成积极的人生观和价值观，还能够培养他们的创新精神和社会责任感。

三、教育领域值得关注的人工智能技术发展

（一）研制适合国情的教育领域大模型

大力推进智慧校园建设，打造中国版人工智能教育大模型是我国教育高质量发展面临的重要课题。具体来说，研制适合国情的教育领域大模型，需要具备逻辑推理能力、多模态处理能力、更高的处理与响应效率，以及与物理世界模型对齐的更强大的大模型基座能力。要构建“基座负责知识面，专业负责专业度”的体系结构，由教育大模型基座提供广泛的基础知识支撑，各专业模块负责深入的专业知识讲解和应用。大模型需具备能精准识别和定制满足学生个性化需求的先进的个性化引擎，以及像人类教师一样关心学生的情感状态和学习进展，提供温暖的心理支持和情感陪护功能。大模型必须遵循教育理念，教育工作者也要认识到大模型时代将带来的教育变革，积极调整教育理论和理念，以适应新技术的发展需求。

（二）算法评测与伦理风险防范技术

将人工智能技术应用于教育领域时，必须考虑到伦理问题。由于智能教育伦理理论的内涵与外延目前尚未明确界定，目前兼顾伦理准则的算法评价策略与教育伦理监管技术仍处于研究无法落地的阶段。此类技术主要包括：生成内容合法性、道德性审查技术，事实性、准确性检查技术，价值观、道德伦理评测技术，算法公平性及偏见检测或消除技术，可解释性检查技术，以及未成年人能力退化识别和防范技术。

（三）关注交叉研究，研发具有情感智能的教育大模型

教育不仅包括教授知识，还包括人格的塑造和情感的关怀，而目前的大模型技术在情感方面的关注依然是欠缺的，这要求我们需要突破技术限制，让人工智能更具有情感智能。研发具有情感智能的教育大模型，需要提升多

模态拟人能力，包括开发自然、流畅的声音合成技术，引入面部捕捉和表情生成技术，以及加强语言处理能力，确保大模型的回答既准确又富有情感色彩。语音、文字、表情等多维度情感识别技术，可以帮助我们了解使用者的情感状态，并融合心理学和教育学原理，使大模型能够理解和分析学生、教师的心理状态和情感需求，并据此调整互动策略。同时要为教育大模型设计独特的个性特征和背景故事，使其在学生心中形成鲜明的形象。允许学生在一定范围内定制大模型的外观、声音、性格等属性，增强用户的归属感和满意度。要赋予大模型自我学习和成长的能力，使其能够根据学生的反馈和互动数据不断优化自身表现。

第四章 “人工智能 + 教育”数据要素

高质量教育数据是增强教育大模型能力的关键基础。当前，将教育数据视为新型生产要素的观点日益凸显。需要明确区分的是，“教育数据”泛指在教育活动中产生的、以电子或其他方式记录的各类信息；“教育数据要素”特指具备规模经济性、其价值主要产生于流动与利用过程的高价值教育数据集合。推动教育数据要素的高效流通与赋能应用，对提升教育大模型能力具有重大现实意义。其价值的充分实现，高度依赖数据所有者的应用能力，即挖掘数据深层价值的能力。

一、教育数据要素

如何界定教育数据，一定程度上决定了教育数据的所属。从数据采集主体来看，由教育行政管理部门、法律法规授权的事业单位、学校等特定主体在履职过程中收集的数据可被视为教育数据。这既是一种主流的教育数据界定方法，也是当前教育平台进行数据管理的主要依据。这种分类方式的优势在于主体明晰，通过对不同主体明权定责，可以使得教育数据在采集储存、安全管理、更新维护等环节组织有序，确保数据的质量与规范，一定程度上避免数据重复混乱导致的损失；弊端体现为教育数据被实质等同于教育公共数据或教育政务数据，而数字教育平台、教育科技公司、线下教培机构等组织掌握的教育数据难以监管，同时，公共教育数据与商业教育数据因存在制度性分隔而难以相互流通。

从数据来源来看，教育数据是产生自教育活动并根据教育需要而采集的数据。这一观点将教育活动产生的所有数据纳入进来，其优势是强调了教育数据的行业特征，确保了所囊括数据的特殊性与全面性。但是，这也导致数据持有主体过大过多，反而加大了数据归集流通的难度。

教育数据要素是指与教育活动相关，参与教育教学、管理、研究等过程的数据资源，这些数据资源对于提升教育质量、优化教育资源配置、推动教育创新等具有关键作用。教育数据要素可被视为以公共数据为主体、商业数据为补充，面向教育领域具有流通条件和流通价值的一类数据集合。教育数据流通基于数据标准共识与价值共识，流通主体包括教育领域内的公共管理和服务机构、学校、企业以及其他具备数据储存能力的组织与个人，流通结果是形成具有公共服务性质与商业价值的一类教育服务，如作业分析、智能问答、智慧学伴等。

二、教育数据规范化要求

目前，国务院、教育部以及其他相关部委发布的法规政策与行业标准对教育数据的收集储存、共享开放及安全管理等方面作出规定；北京、上海、内蒙古、陕西、浙江、安徽、广东、江西等省份也出台了教育数据管理办法，共同构成了教育数据治理的基本体系。

（一）教育数据政策要求

在政策层面，2015 年 9 月，国务院颁布《国务院关于印发促进大数据发展行动纲要的通知》，明确提出要建设教育大数据，要求完善教育管理公共服务平台，实现学生学籍档案在不同教育阶段的纵向贯通。以学生学籍数据为代表的关键基础性数据为教育数据要素流通奠定了基础。《中华人民共和国国民经济和社会发展第十四个五年规划和 2035 年远景目标纲要》提出，要建立健全数据要素市场规则，加快推进数据安全、个人信息保护等领域基础性立法，强化数据资源全生命周期安全保护。数据安全与个人隐私保护等基础性立法，为教育数据流通提供了制度保障。《“十四五”国家信息化规划》提出，探索建立统一规范的数据管理制度，制定数据登记、评估、定价、交易跟踪和安全审查机制，为教育数据流通提供了数据管理和安全流转的制度基础。数据要素发展相关的政策要求如表 4-1 所示。

表 4-1 数据要素发展相关的政策要求

政策名称	发布时间	关键内容
《国务院关于印发促进大数据发展行动纲要的通知》	2015 年 9 月	政府数据资源共享开放工程： 2020 年年底前，实现教育领域的政府数据集向社会开放。 公共服务大数据工程： 完善教育管理公共服务平台，推动教育基础数据的伴随式收集和全国互通共享。建立各阶段适龄入学人口基础数据库、学生基础数据库和终身电子学籍档案，实现学生学籍档案在不同教育阶段的纵向贯通。推动形成覆盖全国、协同服务、全网互通的教育资源云服务体系
《中华人民共和国国民经济和社会发展第十四个五年规划和 2035 年远景目标纲要》	2021 年 3 月	建立健全数据要素市场规则： 统筹数据开发利用、隐私保护和公共安全，加快建立数据资源产权、交易流通、跨境传输和安全保护等基础制度和标准规范
《“十四五”国家信息化规划》	2021 年 12 月	数据要素市场培育工程： 建立健全数据有效流动制度体系。加快建立数据资源产权、交易流通、跨境传输和安全保护等基础制度和标准规范。探索建立统一规范的数据管理制度，制定数据登记、评估、定价、交易跟踪和安全审查机制。培育规范的数据交易平台和市场主体。建立健全数据产权交易和行业自律机制。发展数据资产评估、登记结算、交易撮合、争议仲裁等市场运营体系

资料来源：作者自制。

（二）起草教育数据标准的组织机构

在标准层面，教育大数据标准体系为教育大数据开发利用提供了重要支撑，为促进教育平台互联互通和实现教育数据全生命周期管理提供了基础保障。国内外参与教育数据标准起草的组织机构包括：ISO/IEC JTC1/WG9 大数据工作组、国际电信联盟（International Telecommunication Union，ITU）、美国国家标准与技术研究所（National Institute of Standards and Technology，NIST）和我国的全国信息技术标准化技术委员会教育技术分技术委员会（China E-Learning Technology Standardization Committee，CELTSC）等（见表 4-2）。

表 4-2　国内外教育数据相关标准规范

组织机构	制定的标准规范
ISO/IEC JTC1/WG9 大数据工作组	制定了包括定义大数据基本概念和重要术语的大数据概述和术语标准，以及包括用户视图和功能视图的大数据参考架构标准
国际电信联盟（ITU）	大数据标准主要由 ITU 电信标准化部门（ITU-T）发起和推进，其中第 13 学习研究组（Study Group 13）的研究主题聚焦包含移动和下一代网络（NGN）在内的未来网络。2015 年，ITU-T 发布 ITU-T Y.3600 标准，详细规定了以云计算为基础的大数据要求、能力和使用案例，并设计了大数据情境模式
美国国家标准与技术研究所（NIST）	大数据公共工作组具体分为 5 个子工作组，包括用户案例和需求组、定义和索引组、参考框架组、数据安全和隐私组以及技术路线组。大数据公共工作组的主要成果是形成了基于共识的可扩展大数据互操作性框架
全国信息技术标准化技术委员会教育技术分技术委员会（CELTSC）	CELTSC 旨在健全教育信息化标准体系，涵盖共性基础、教育活动的参与者、教育教学活动、教育教学数据、内容和资源、环境 / 平台 / 工具 、教育治理等方面

资料来源：作者自制。

（三）教育数据标准要求

我国在参考国内外数据标准规范的基础上，逐步形成了教育领域的标准体系。以国家标准、行业标准为主的教育大数据标准体系积极对标国际标准。2017 年 6 月，教育部研究制定了《基础教育教学资源元数据》系列教育行业标准，包括《基础教育教学资源元数据 信息模型》《基础教育教学资源元数据 XML 绑定》《基础教育教学资源元数据 实践指南》3 个标准。我国涉及数据要求的部分标准如表 4–3 所示。

表 4-3　我国涉及数据要求的相关标准（部分）

标准类型	标准号	标准名称
国家标准	GB/T 36342—2018	《智慧校园总体框架》
	GB/T 36351.2—2018	《信息技术 学习、教育和培训 教育管理数据元素 第 2 部分：公共数据元素》

续表

标准类型	标准号	标准名称
国家标准	GB/T 36438—2018	《学习设计 XML 绑定规范》
	GB/T 38863—2020	《干部网络培训 平台数据接口技术要求》
	GB/T 38858—2020	《干部网络培训 平台数据要求》
	GB/T 38857—2020	《干部网络培训 课程信息模型》
行业标准	SJ/T 11678.1—2017	《信息技术 学习、教育和培训 协作技术 协作空间 第 1 部分：协作空间数据模型》
	SJ/T 11678.2—2017	《信息技术 学习、教育和培训 协作技术 协作空间 第 2 部分：协作环境数据模型》
	SJ/T 11678.3—2017	《信息技术 学习、教育和培训 协作技术 协作空间 第 3 部分：协作组数据模型》
	JY/T 0633—2022	《教育基础数据》
	JY/T 0637—2022	《教育系统人员基础数据》
	JY/T 0644—2022	《数字教育资源基础分类代码》

资料来源：作者自制。

标准的制定可有效推动教育数据的规范化，也有助于推动相关技术发展。2023 年 7 月 8 日，教育通用人工智能大模型系列团体标准在 2023 世界人工智能大会智能教育主题论坛发布。该团体标准包含 5 项标准，旨在规范教育领域内通用人工智能大模型总体框架、构成要素、功能要求、数据集的构建原则、测评框架、安全隐私及教学应用要求等。同年 7 月，中国信息通信研究院（简称中国信通院）人工智能研究所，依托人工智能关键技术和应用评测工业和信息化部重点实验室、中国人工智能产业发展联盟，联合业内 20 余家单位共同编制并发布了《面向行业的大规模预训练模型通用要求 第 3 部分：教育》，具体内容如表 4-4 所示。该标准聚焦教育行业核心需求，形成教育大模型应用成熟度评价方法，便于各方衡量教育大模型的应用能效，助推教育大模型产品优化升级。目前，该标准已评估通过网易有道“子曰”大模型、学而思九章大模型等教育垂类大模型。

表 4-4 教育大模型标准的具体内容

部分	标准名称	标准内容	适用范围	解决问题
1	教育大模型总体框架（指导类）	确立了教育大模型的总体布局、组成要素和标准结构	适用于教育大模型平台与工具的建设和应用	教育大模型总体布局的设置
2	教育大模型信息模型	确立了教育领域通用人工智能大模型的基本功能框架	适用于教育领域通用人工智能大模型的设计和实现	教育大模型功能的设计
3	教育大模型数据规范	规定了教育大模型数据集的构建原则、分类框架和基本模式结构	适用于教育大模型数据集的构建与管理	教育大模型数据的管理
4	教育大模型接口规范	规定了接口的数据交换服务与绑定、调用规范	适用于教育大模型接口的管理	应用程序接口及参数的设置
5	教育大模型教学应用要求	规定了教育大模型在教学活动中应用的基本原则与要求	适用于教育大模型平台与工具的教学应用和治理	教学场景的应用和治理
6	教育大模型运行维护规范	规定了教育大模型在应用、测评和监管流程中的运行方式与维护内容	适用于教育大模型的服务过程管理	运营维护
7	教育大模型测评规范	规定了教育大模型的测评框架、测评指标、测评维度和测评方法	适用于教育大模型基础能力和教学功能的测评	教育大模型的测量与评价
8	教育大模型监管规范	规定了教育大模型在教育管理过程中的规范，特别是课堂教学管理	适用于教育大模型权限的监督与管理	平台管理
9	教育大模型安全、伦理与隐私	规定了教育大模型对师生个人隐私数据的收集与运用规范	适用于教育大模型的个人隐私数据保护	隐私数据的安全管理

资料来源：《教育通用人工智能大模型标准体系框架研制》。

2024 年 7 月 6 日，在教育部教育信息化技术标准委员会（暨全国信息技术标准化技术委员会教育技术分技术委员会）指导下，由“教育通用人工智能大模型系列标准”工作组协调，华东师范大学牵头，联合上海交通大学、北京邮电大学、国家开放大学以及库帕思、华为、阿里巴巴、百度、科大讯飞、新华三、广州视睿（希沃）等企事业单位共同编撰的《教育人工智能大模型数据治理与共享技术标准白皮书》在 2024 世界人工智能大会语料主题论坛上正式发布。教育大模型标准体系包括总体框架（指导类）、信息模型、数据规范、接口规范、教学应用要求、运行维护规范、测评规范、监管规范和安全、伦理与隐私等。

三、教育数据生命周期管理

数据生命周期（Data Life Cycle，DLC）是指数据从产生到应用所经历的生命周期，它描述了数据发展循序渐进的过程，旨在研究数据在生命周期中的规律、演进变化及关键事件。目前学界关于数据生命周期的划分标准尚未有定论，有四阶段、五阶段、六阶段、八阶段之分。根据《在线教育平台个人数据安全技术指南》，数据生命周期包括采集、传输、使用、存储和销毁 5 个阶段[①]。

1. 采集

在线平台采集数据应符合安全基本原则，应在数据产生时按照数据类型、敏感程度、数据价值等属性明确数据分类、分级标准，并统一对数据进行分类、分级标记；在收集使用未成年人信息时，应当取得监护人同意或授权。当数据被标记为个人信息或与个人信息主体有关的附加信息时，应实施隐私控制。

2. 传输

为了确保数据传输安全，在线平台应该在数据传输过程中建立适当的保护机制，使用网络安全协议，如 TLS、IPsec 等，并使用相关标准推荐的加密算法。

3. 使用

在线平台应提供统一的权限管理，确保用户按照最小权限原则按需访问和使用相关数据。在线平台应为访问和使用相关数据提供全面的安全监测和

① 吴永和、颜欢、马晓玲：《教育通用人工智能大模型标准体系框架研制》，《现代教育技术》2024 年第 4 期。

访问审计措施，以及个人信息保护机制（包括但不限于隐私保护技术，如去标识化和匿名化技术）。

4. 存储

在线平台的数据存储应遵循安全原则，通过访问控制和安全保护，防止未经授权的访问、修改、删除、销毁或其他使用，防范方法包括但不限于加密、签名、匿名化、密钥管理等。在线平台应具备高可用性、数据备份和灾难恢复能力，确保数据的可靠性和可用性。

5. 销毁

在线平台应根据数据分类和存储介质对数据进行销毁。在销毁信息处理设施和存储介质之前，应按照相关标准进行数据删除和物理销毁，避免数据泄露的风险。

四、教育数据要素分布

教育数据要素可以按照生态角色，结合数据生命周期进行划分。这些角色共同构成了教育大数据生态圈，每个角色在数据生成、存储、处理、分析和应用等环节中发挥着不同的作用。根据生态角色，教育数据要素分布可划分为5层，具体包括数据源层、数据存储层、数据分析层、大数据应用层、治理与监管层（见图4–1）。

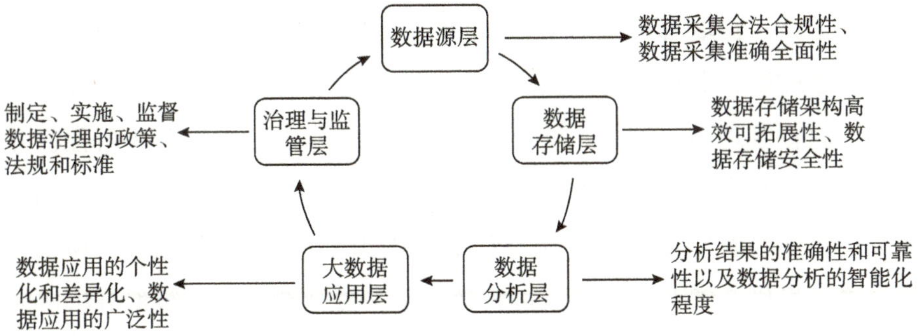

图4–1　教育数据分布与治理要求

资料来源：作者自制。

其中，数据源层是教育数据生成的起点，主要包括各种终端设备和采集设备。这些设备在教育场景中应用广泛，如学校的教学设备、学生的学习终端、各类传感器等，它们持续产生大量的教育数据。在教育科技企业中，以平台为源头的教育数据生产正成为教育大数据的重要来源。例如，教育厂商基于学习机采集的学生行为数据，Classin 在直播录播教学中采集的视频数据、师生交互数据等。数据源层要求确保数据采集的合法性和合规性，遵守相关法律法规和隐私政策；同时要求提高数据采集的准确性和全面性，为后续的数据处理和分析提供高质量的数据源。

数据存储层发挥着将采集到的教育数据进行存储和管理的作用，主要包括云平台和各类数据存储系统。这些系统为教育数据提供了可靠的存储环境和安全保障。储存主体包括云服务提供商、数据中心运营商、教育机构自建存储系统、第三方存储解决方案提供商、数据库管理系统提供商等。在教育系统中，国家、省、市、区（县）建有独立数据中心，少数学校也建有校级数据中心。在存储方式上，有云端存储、本地存储、混合存储等存储方式。云端存储包括购买云服务、合作建设教育云、独立建设教育云等形式。目前，教育数据主要存储在教育管理部门、事业单位和学校，其价值有待进一步挖掘。数据存储层的治理，要求构建高效、可扩展的数据存储架构，满足教育数据快速增长的需求，同时应加强数据存储的安全防护，防止数据泄露和非法访问。

数据分析层是教育数据治理的核心环节，主要负责对存储的数据进行深度分析和挖掘，提取有价值的信息和知识。这一层通常包括专业的数据分析团队和先进的数据分析技术，其主体包括专职数据分析团队、数据分析工具提供商、教育管理与决策者、外部咨询机构或专家等。数据分析层往往并不孤立存在，而是需要与业务部门或决策者紧密沟通，了解其需求。例如，北京市某区在建设教育数据大脑时，委托专家团队建立教育数据分析模型，课堂观察工具提供商需要组织团队进行数据分析算法测试等。数据分析层的治理，要求建立科学的数据分析体系，确保分析结果的准确性和可靠性；要求提升数据分析的智能化水平，利用人工智能等技术提高分析效率和准确性。

大数据应用层负责将分析得到的信息和知识应用于教育教学实践中，用于提升教学质量和管理水平。这一层次包括学校、教育机构、教师、学生等教育主体。未来，我国需要进一步推动教育数据的广泛应用，促进教育教学创新和发展；需要加强数据应用的个性化和差异化，满足不同教育主体的需求。

治理与监管层虽然在直接的生态角色划分中不常被明确提及，但它对于整个教育数据要素生态的健康发展至关重要。治理与监管层负责制定和执行教育数据治理的政策、法规和标准，确保教育数据的安全、合规、有效利用和销毁。这一层的主体包括政府部门、行业协会、监管机构等。治理与监管层通过建立完善的教育数据治理政策和法规体系，为教育数据治理提供法律保障；同时具有加大监管力度，对教育数据的使用情况进行定期检查和评估，以确保数据治理的有效实施的责任和义务。

面对教育大模型的治理挑战，首先需要解决教育数据治理问题，其前提在于掌握当前教育数据的采集模式。目前，数据采集模式包括公开数据、自建数据、合作共建数据等。

公开数据集是开发教育类大模型常见方式，如“子曰”教育大模型在大规模 GPU 集群使用 TB 级数据已经进行了专业训练，训练数据主要来源于公开数据收集、教辅资料电子化及业务数据。

自建数据集成本较高，需要所在领域有大量数据积累场景，如松鼠 Ai 多模态智适应教育大模型基于过去所积累的 2400 万名学生的 100 亿条学习行为数据，全流程“喂养”大模型，包括题库、PPT、知识图谱、行为数据等。

合作共建数据集是打通数据壁垒，建立业务数据与技术实现的重要方法。在高校研究中，可通过校企合作达成数据合作协议。例如，华东师范大学在构建 EduChat 大模型时，通过与出版社合作，获取教育垂直领域相关教材和书籍数据。清华大学自主研发的千亿参数多模态大模型 GLM，数据的采集来源多样化，包括课程教材、讲义、文献、慕课等多种渠道。

五、数据使用瓶颈与挑战

（一）数据开放时的关键隐私保护

教育数据隐私不仅涉及学生的敏感信息，也包括教师、各级教育机构和教育监管部门等利益相关者产生的由传感设备、信息系统和服务软件记录的具有敏感属性的数据集[①]。这些数据集需要经数据提供者知晓或应允，才能被其他实体获取、存储、使用和销毁。这些高敏感、高价值的教育大数据的开放共享和有效利用通常在数据生命周期的每个阶段都存在独特的隐私泄露和被侵犯风险。

（二）数据责任难以落实

在数据存储阶段，多级多源教育机构中的数据被分割后静态存储，由于存储服务器的安全性不足，数据极易受到攻击导致隐私泄露。教育企业面临的问题是：教育数字服务的提供者是否要对数据来源负责？当有不当信息时，除了要承担数据审核不严的责任，是否还应承担其他责任？在数据存储阶段，云服务一方面降低了教育信息化服务的运营压力，另一方面也导致了数据窃取、篡改和越权使用等问题更加突出。例如，2021 年，某地 10 万余条中小学生个人信息被“校讯通”公司的员工非法出售给教育培训中心用于商业课程销售，引发了学生和家长的强烈不满。

（三）数据与算法偏见风险

参考外卖、打车、在线购物等由算法主导的商业模式，算法的质量决定了服务质量，对算法的高度信任会导致盲从行为。在教育领域，被广泛采集的多模态数据将被多方处理分析和动态使用，基于算法的评价是否会导致教育行为的偏见值得探讨。同时，目前教育大模型往往采取基于通用大模型开发教育垂类应用的策略，攻击者可以利用学生不相关的零散数据或简单匿名后的数据进行关联、重建和挖掘，从而推断出隐私信息；还可以通过应用程序编程接口非法窃取训练模型的相关信息，构建替代模型对原始数据进行逆推或恶意挖掘。面对无制约的关联分析与推理的问题，有必要通过法律手段进行监管。

---

① 王涛、张玉平、李秀晗等:《数据驱动教育数字化转型的信任机制——教育大数据全生命周期隐私增强模型的构建与典型应用场景分析》,《现代教育技术》2024 年第 3 期。

第五章 “人工智能 + 教育”产业生态与发展

一、“人工智能 + 教育”产业生态

（一）“人工智能 + 教育”产业生态中的主体

在“人工智能 + 教育”的产业生态中，各个主体共同构成了一个复杂而相互依存的系统，旨在通过人工智能技术的应用推动教育模式的变革和创新。以下是对该生态中主要主体的详细分析。

1. 政策制定者与监督者

政策制定与引导：政府通过制定教育政策、发展规划和法律法规，为人工智能在教育领域的应用提供指导和支持。例如，中国政府通过《新一代人工智能发展规划》和《教育信息化 2.0 行动计划》等文件，明确了“人工智能 + 教育”的发展方向和目标。

资金投入与扶持：政府通过财政拨款、税收优惠、项目资助等方式，为人工智能教育企业提供资金支持，推动技术创新和产业升级。

监管与评估：政府负责监督人工智能教育产品的质量和安全，确保其符合教育标准和法律法规要求。同时，政府还负责评估人工智能赋能教育的效果和影响，为政策调整提供依据。

2. 教育机构与学校

教学应用：教育机构与学校是人工智能教育技术的直接应用者。它们通过引入智能教学系统、智能测评工具、个性化学习平台等，提升教学质量和效率。

师资培训：教育机构还负责培训教师，使其掌握人工智能教育技术，提

高其信息化教学能力。这有助于教师更好地利用智能工具进行教学活动，实现因材施教。

学生管理与服务：学校利用人工智能技术进行学生管理、学情分析、心理健康辅导等，为学生提供更加全面和个性化的服务。

3. 人工智能教育企业

技术研发与创新：人工智能教育企业是技术创新的主体，它们投入大量资源进行人工智能技术的研发和应用，不断推出新的教育产品和服务。

产品推广与销售：企业负责将人工智能教育产品推向市场，通过营销手段吸引教育机构和学校的关注和使用。

生态构建与合作：人工智能教育企业还致力于构建开放合作的产业生态，与上下游企业、科研机构等建立合作关系，共同推动“人工智能 + 教育”的发展。

4. 科研机构与高校

基础研究与技术创新：科研机构与高校是人工智能技术研究和创新的重要力量。它们通过承担科研项目、发表学术论文、申请专利等方式，推动人工智能技术的不断进步。

人才培养与输送：高校还负责培养人工智能领域的专业人才，为“人工智能 + 教育”产业提供源源不断的人才支持。这些人才不仅具备扎实的理论基础，还具备实践经验和创新能力。

5. 投资者与金融机构

资金支持：投资者与金融机构为人工智能教育企业提供必要的资金支持，帮助其度过初创期和发展期。这些资金可以用于技术研发、市场推广、团队建设等方面。

风险评估与管理：投资者和金融机构还负责对人工智能教育企业的风险进行评估和管理，确保其稳健发展并实现良好的投资回报。

6. 学生与家长

用户体验与反馈：学生和家长是人工智能教育产品的直接使用者，他们的体验和反馈对于产品的改进和优化至关重要。通过收集用户反馈，企业可以不断优化产品和服务，满足用户需求。

教育需求与期望：学生和家长对教育的需求和期望也是推动“人工智能＋教育”发展的重要动力。他们希望通过人工智能技术获得更加个性化、高效和有趣的学习体验。

（二）企业的驱动模式分类

在企业的驱动模式中，技术创新型驱动、市场服务型驱动和资源整合型驱动是 3 种主要类型。每种类型都有其独特的特点和优势，以下是对这 3 种驱动模式的详细分析。

1. 技术创新型驱动

技术创新型驱动模式是指企业通过持续的技术创新来保持技术领先，实现产品差异化，引导市场需求，并应对研发投入大、风险高及市场竞争激烈等挑战的发展模式。技术创新型驱动模式如图 5–1 所示。

其优势在于：①技术领先。技术创新型企业能够在技术上保持领先地位，形成技术壁垒和专利优势。②产品差异化。通过技术创新，企业可以开发出具有独特功能和优势的产品，实现产品差异化。③市场需求引导。技术创新能够创造新的市场需求，引导消费者需求的变化。

其挑战在于：①研发投入大。技术创新需要大量的研发投入，包括人力、物力和财力资源。②风险高。技术创新具有不确定性，存在失败的风险。③市场竞争激烈。随着技术的快速迭代，市场竞争也日益激烈。

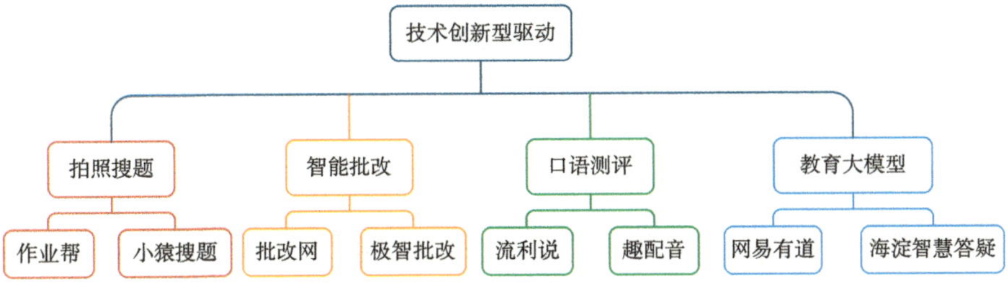

图 5–1　技术创新型驱动模式

资料来源：作者自制。

2. 市场服务型驱动

市场服务型驱动模式是指企业通过贴近市场、提高客户满意度和品牌影响力来应对市场变化快、服务成本高及竞争压力大等挑战，从而实现企业可持续发展的模式。市场服务型驱动模式如图 5–2 所示。

其优势在于：①贴近市场。市场服务型企业能够更准确地把握市场需求和消费者偏好。②客户满意度高。通过提供优质的产品和服务，企业能够赢得客户的信任和忠诚。③品牌影响力大。优质的服务能够提升企业的品牌形象和知名度。

其挑战在于：①市场变化快。市场需求和消费者偏好可能随时发生变化，企业需要灵活应对。②服务成本高。提供高质量的服务需要投入大量的人力、物力和财力资源。③竞争压力大。在市场服务型企业中，竞争往往更加激烈，因为优质的服务容易被竞争对手模仿。

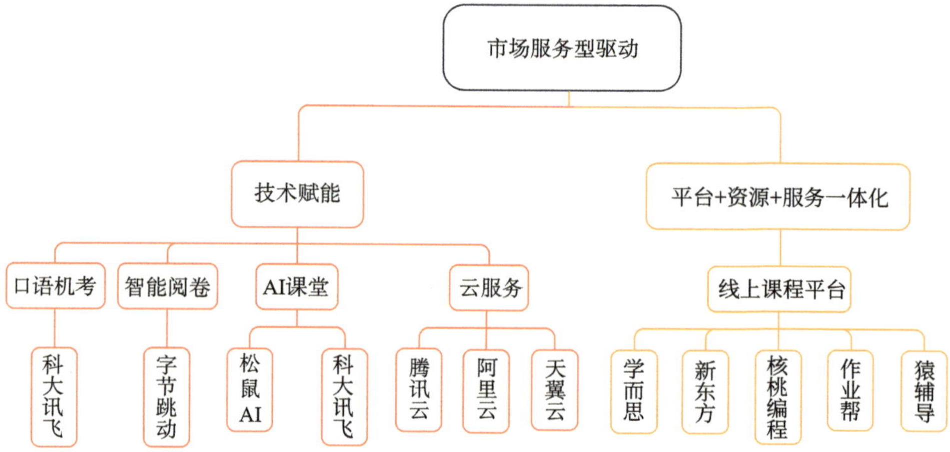

图 5–2　市场服务型驱动模式

资料来源：作者自制。

3. 资源整合型驱动

资源整合型驱动模式是指企业通过实现资源的优化配置、战略协同和风险分散等优势，同时应对资源整合难度大、管理复杂度高及组织协同障碍等挑战，推动企业持续发展的模式。资源整合型驱动模式如图 5–3 所示。

其优势在于：①资源优化配置。资源整合型企业能够实现资源的优化配置和高效利用，降低成本并提高效益。②战略协同。通过资源整合，企业能够实现不同业务单元之间的战略协同和优势互补。③风险分散。资源整合有助于企业分散经营风险，提高抗风险能力。

其挑战在于：①资源整合难度大。整合内外部资源需要投入大量的时间和精力，且需要克服各种困难和挑战。②管理复杂度高。资源整合型企业需要更加复杂和高效的管理体系来支撑其运营和发展。③组织协同障碍。在资源整合的过程中，不同企业往往拥有各自独特的组织结构、管理风格、工作流程和沟通机制，这些差异在整合初期可能导致组织协同的困难，形成障碍。

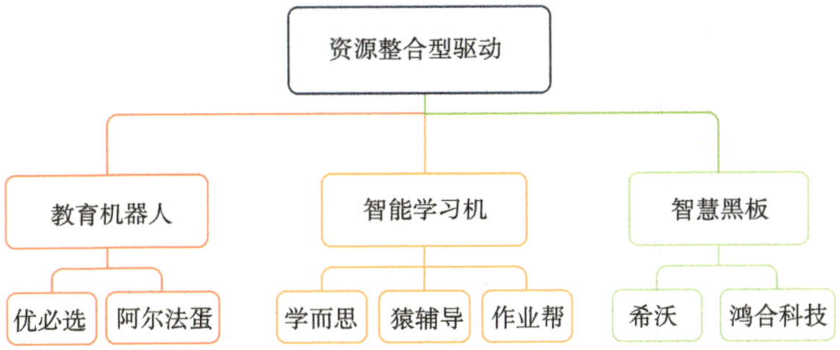

图 5-3　资源整合型驱动模式

资料来源：作者自制。

（三）企业的驱动模式决定其在产业生态中的角色和定位

企业的驱动模式在很大程度上决定了其在产业生态中的角色和定位，这一观点深刻揭示了企业发展战略与产业环境之间的内在联系。

1. 驱动模式影响企业战略选择

企业的驱动模式，无论是技术创新驱动、市场服务驱动，还是资源整合驱动，都会直接影响其战略选择。例如，技术创新驱动型企业往往注重研发投入，致力于开发新产品、新技术，从而在产业生态中占据技术领先地位，成为行业标准的制定者或引领者；而市场服务驱动型企业则更加关注市场变化和消费者需求，通过快速响应市场变化来满足客户需求，从而在市场中占据有利位置。

2. 角色定位与产业生态的契合度

企业的角色定位需要与其在产业生态中的位置相契合。不同的驱动模式会导致企业处在产业链中的不同位置，进而形成不同的角色定位。例如，技术创新型企业可能更倾向于成为产业链上游的技术提供者或核心部件供应商，而市场服务型企业则可能更侧重产业链下游的产品制造和市场销售。准确的角色定位不仅有助于企业发挥自身优势，还能促进产业生态的协同发展。

3. 驱动模式与竞争优势的关联

企业的驱动模式与其竞争优势紧密相关。通过特定的驱动模式，企业可以构建独特的竞争优势，从而在产业生态中脱颖而出。例如，技术创新型企业可以通过持续的技术创新来保持技术领先地位，形成技术壁垒和专利优势；而资源整合型企业则可以通过优化资源配置和整合产业链资源来降低成本、提高效率，形成成本优势。这些竞争优势有助于企业在产业生态中占据更有利的位置。

4. 灵活调整驱动模式以适应产业变化

随着产业环境的不断变化，企业需要灵活调整驱动模式以适应新的市场环境和竞争态势。例如，在市场需求快速变化的情况下，原本以技术创新为主要驱动模式的企业可能需要加强市场研究和需求预测能力，以更好地满足市场需求，增强自己的竞争力。这种灵活性有助于企业在产业生态中保持竞争力和可持续发展能力。

二、“人工智能 + 教育”投资热点

（一）“人工智能 + 教育”投资概况

在探讨人工智能与教育融合的投资趋势时，教育领域作为 AIGC 技术应用的重要阵地，于 2023 年吸引了全球范围的广泛关注。据统计，2023 年全球“人工智能 + 教育”领域内共完成了 45 笔投融资交易，其中超过一半的项目源自美国市场，这些项目主要集中在 K12 基础教育及职业培训两大热门细分领域。就项目发展阶段而言，当前的“人工智能 + 教育”投融资活动主要集中在初创期，反映出全球资本市场倾向于以较小资金规模扶持新兴创业项目。尽管当前阶段成熟的项目相对较少，但值得注意的是，相较于种子轮及天使轮融资，风险投资对于较为成熟项目的单笔投资金额往往更为可观。这一趋势预示着，随着 AIGC 技术在教育领域应用的不断深化与成熟，资本

将逐渐转移焦点，更加聚焦在那些已展现出发展潜力及产出优质成果的项目上。

（二）AIGC 为“人工智能 + 教育”注入新活力

AIGC 技术的崛起，为“人工智能 + 教育”领域注入了新的活力。在教育界关于教学模式革新的热烈讨论中，AIGC 技术如何重塑教学主体的角色成为焦点。传统上，教师是知识传授的核心，但这种模式长期受制于师资分布不均、个性化教学挑战重重以及教师自身成长受限等问题。AIGC 技术的融入，被视为推动“师—生—机”新型教学模式诞生的关键力量，它不仅能够有效补充教师资源，促进大规模个性化教学的实现，还显著减轻了教师的负担，为提升教学质量开辟了新路径。

学术界与市场对此普遍持积极态度，认为 AIGC 技术能够助力人类教师从单纯的知识传授者转变为学习旅程中的陪伴者和价值观的引领者。然而，关于“人工智能是否会全面取代人类教师”的忧虑也如影随形。AIGC 技术当前面临的价值观中立性缺失、信息准确性待提升、版权争议以及无法替代的人类情感与文化价值传递等挑战，都表明其尚不能完全独立承担教学任务。此外，人工智能可能引发的教师就业恐慌也是不容忽视的社会问题。

因此，对于 AIGC 技术在教育中的应用，我们需要审慎界定其适用范围，确保它成为教育发展的强大助力，而非阻碍。这一过程不仅关乎技术的进步，更涉及教育本质的坚守与人文关怀的传递。

（三）AIGC 在教育中的主要应用场景

在 AIGC 技术的驱动下，“人工智能 + 教育”的新突破不仅体现在对传统教学模式的革新上，更在于它开辟了丰富多彩的应用场景，深度融入教育的每一个环节。以下是 AIGC 技术在教育领域内的六大主要应用场景，它们共同构建了一个更加高效、个性化和智能化的学习生态系统。

1. 备课规划

AIGC 技术为教师提供了一个强大的备课助手。通过智能分析教材、学情及教学目标，AIGC 能够自动生成符合要求的教案、课件和教学资源，极大地减轻了教师的备课负担，同时保证了教学内容的丰富性和针对性。这一技术不仅提升了备课效率，还促进了教学资源的共享与优化。

2. 作业生成及批改

在作业环节，AIGC 技术实现了作业的智能化生成与自动批改。根据学生的学习情况和进度，系统能够精准推送个性化作业，帮助学生巩固知识点、查漏补缺。同时，教师可以利用自动批改功能，迅速获得作业反馈，从而有更多时间专注于教学设计和学生辅导，提升了教学工作的整体效能。

3. 学生自主学习

AIGC 技术为学生搭建了一个自主学习的平台。在慕课平台中引入人工智能辅导，学生可以根据自己的兴趣和需求，自由选择课程进行学习。人工智能辅导不仅能够提供个性化的学习路径推荐，还能在学生学习过程中进行实时指导和反馈，帮助学生克服学习难点，提升学习效果。

4. 学生辅助学习

在辅助学习方面，AIGC 技术覆盖了多个细分场景，如口语练习、写作练习和辩论演练等。通过与人工智能的交互，学生可以在模拟的环境中进行语言实践，获得即时的反馈和纠正。这种学习方式不仅提高了学生的语言运用能力，还增强了他们的自信心和表达能力。

5. 学生测试评估

AIGC 技术在学习管理系统中发挥着重要作用。它能够根据学生的学习数据，智能生成测试题目，进行精准的评估与分析。这种测试评估方式不仅能够客观反映学生的学习情况，还能为教师提供详细的教学反馈，帮助教师调整教学策略，优化教学效果。

6. 学校管理服务

AIGC 技术还可应用于学校的管理服务领域。通过构建教学资源平台，学校可以实现教学资源的集中管理和高效利用。AIGC 技术能够智能分析教学需求，为学校提供定制化的教学资源解决方案，包括教材、课件、案例等。同时，平台还能支持教学资源的共享与交流，促进教育资源的均衡分布和优质资源的辐射带动。

（四）企业投资热点

当前的企业投资热点聚焦于教育科技领域，尤其是K12教育阶段，显示出投资者对这一领域创新技术的浓厚兴趣。多家企业推出了各自的大模型产品，旨在通过人工智能技术提升教学质量和效率，满足学生个性化学习需求。这些产品覆盖了语言学习、数学解题、作文批改、口语陪练等多个应用场景，旨在打造一个全方位的智能教育生态系统。

具体来看，字节跳动的豆包大模型、作业帮的银河大模型、网易有道的“子曰”教育大模型、汉王科技的汉王天地大模型等，都是针对K12教育市场的智能教育解决方案。它们不仅提供了传统的信息查询、文本翻译等功能，还深入具体的学科教学之中，如作文批改、数学解题等，体现了人工智能技术在教育领域的深入应用。此外，如好未来的MathGPT大模型、希沃的教学大模型等则专注于某一特定领域（如数学）或教学场景（如课堂教学），以提供更加精准的智能教育服务。

同时，也有企业将目光投向更广泛的教育领域，如阿里云的“智海—三乐”针对高等教育市场、高途的“高途AICan”负责考研学生的学习规划和问题解决等。这些产品的推出，进一步丰富了教育科技领域的投资热点，为投资者提供了更多的选择。

第六章 促进“人工智能 + 教育”深度融合的建议

习近平总书记强调，中国高度重视人工智能对教育的深刻影响，积极推动人工智能和教育深度融合，促进教育变革创新，充分发挥人工智能优势①。在十四届全国人大二次会议记者会上，教育部部长怀进鹏强调，对教育系统来说，人工智能是一把“金钥匙”，要把人工智能技术深入到教育教学和管理全过程、全环节，要加大关注数字教育之下人工智能伦理、隐私保护等的规范性，要积极参加世界关于人工智能与教育、与伦理相互关系的规则制定。为了推进人工智能与教育深度融合，以“善治”促“善智”，本文提出以下建议。

一、加强顶层设计，主动超前布局

人工智能与教育融合面临技术加速迭代、应用走向深入、国际形势复杂等多重挑战，要从被动防御、权宜之计转变为主动应对和常态化、系统性行动，要强化顶层设计，从组织调整、标准制定等方面超前布局，确保人工智能赋能教育围绕立德树人根本任务，把社会主义核心价值观教育融入人才培养全过程各环节。一是建立灵活韧性的领导团队，在教育主管部门及教育机构考虑成立人工智能与教育领导小组，设立人工智能教育专员岗。二是组建关键团队，其中既包括专注于人工智能应用场景的设计、评估、教学课程的开发等教育专家团队，也包括负责持续监控学术环境和技术使用情况、识别和管理社会技术风险的风险分析与管理团队。三是着手制定“人工智能 + 教

① 《习近平向国际人工智能与教育大会致贺信》,《人民日报》2019 年 5 月 17 日。

育”规范指引，为技术的高水平应用提供良好的规则环境，划清技术的提供者、使用者和监管者之间的权责边界，在规范指引中要注意区分不同教育阶段、不同人群、不同风险等级的差异，避免“一刀切”。四是加强标准化体系建设，规范人工智能教育应用实践。结合教育的特殊需求，制定涵盖教学资源开发、学习过程监控、数据安全和课程内容的技术标准，确保教育过程的公正性和一致性。设立清晰的规则和约束机制，在涉及学生和教师的伦理行为与隐私保护时，制定严格的隐私保护和数据安全措施，将教育理念和价值深度嵌入大模型的底层架构。

二、坚持审慎包容，实现敏捷协同

人工智能包含众多要素、技术和场景，若不加区别地把整个人工智能作为治理对象，将会造成治理问题的失焦。人工智能治理需要建立从普遍到特殊的分层治理过程，需要社会对共性的基础问题达成共识。人工智能与教育融合面临技术、应用和风险等多重动态特征，这容易使治理需求与应对之间陷入“步调不一致”“共同无知”等困境，因而要采取敏捷治理的思路，在快速变化的环境中保持前瞻性和针对性，推动分布式探索和多方广泛参与，并使用多元的政策工具解决新问题。

一是建立分层分级的治理框架。既要注重驾驭数据、算力、算法、知识等要素的管理，也要注重教育大模型在基础层、能力层和应用层上的规制；既要区分教学、科研和管理等不同应用模块，也要注重根据不同的风险等级和智能化程度，选择软硬结合的政策工具组合，提出包含技术标准、行为规范和国际倡议等在内的政策工具箱。

二是开发多维共治的治理工具。建立多方合作机制，增进教育主管部门、学校、企业等不同主体之间的沟通协调，在技术层面，与相关技术企业合作开发针对特定学校或区域的“教育专用沙盒”，为人工智能在教育中的安全应用建立多层防护围栏。

三是在区域、学校、课程等不同层面开展“人工智能+教育”试点，探索新型教育模式和实践，用好人工智能这把“金钥匙”。特别是在区域层面，既要选择东部沿海基础设施较好的地区，也要选择中西部中小城市为试点探索边缘式创新，最大限度地释放人工智能的潜力，探索人工智能在教育应用中的可能边界，鼓励创新性的教育解决方案的落地和推广，加速“人工智能 + 教育”应用场景的扩展。

三、注重数据管理，开展风险监测

一方面，要完善教育数据管理规范，强化对教育数据的全生命周期管理。确保在教育数据采集、存储、使用、共享与销毁的每个阶段都有具体的标准、明确的要求和操作规程。在数据存储阶段，使用加密等安全技术，确保数据不会因技术漏洞或恶意攻击而泄露。在数据使用阶段，要强调用途明确、适度使用，避免超范围使用或滥用，保证学生及家长的知情权和选择权，提供透明的隐私政策说明。针对人工智能技术在教育中的具体应用场景，制定个性化的数据保护方案。定期对现有数据管理政策进行评估与修订，确保其适应新技术的发展趋势。大力推动教育数据安全技术的研发与创新，增强数据生命周期管理的技术支撑能力。

另一方面，要建立类似于“传染病监测预警平台”的人工智能教育应用动态风险防控平台，形成全国统一的风险监测和预警机制。要建立教育应用“吹哨人”制度，通过自动化采集人工智能教育应用的风险事件，实时监测人工智能技术在教育过程中的异常行为和风险征兆，对风险进行预见分析和研判，第一时间响应启动风险处置机制。设立专门的教育风险监测机构，负责整合、分析并发布全国范围内的风险数据，同时确保这一机制在地区和学校层面的具体落地与执行。定期发布风险预警报告，优化应急响应机制。对风险进行周期性评估，包括风险类型、发生频率、影响范围及相关防控措施，为各地教育机构提供及时、权威的指导意见。进一步完善应急响应机制，当预警信号发出时，确保各地教育部门和学校能够迅速响应，并采取有效的干预措施。

四、坚守教育初心，营造健康生态

2025 年 3 月，习近平总书记在看望参加政协会议的民盟、民进、教育界委员时强调，有了智联网、人工智能，教育的工具和方法会发生变化，学生能力培养会有变化，这些正需要与时俱进地进行改革。即便如此，“教育，不能把最基本的丢掉”。[①] 教育的根本任务是立德树人。尽管人工智能给教育带来了前所未有的影响，但是无论技术如何进步，立德树人这一教育的根本任务不会变化。面对加速迭代的人工智能技术，教育应坚守初心使命，坚持立德树人。

第一，要将社会主义核心价值观融入技术开发应用的全流程。以高质量的教育数据帮助大模型理解教育场景，在算法中突出教育属性，开发教育算法，规避底层认知风险及技术缺陷，防范商业利益的裹挟，尊重教育内在规律，充分体现育人导向，把保证受教育者的身心健康作为人工智能教育应用的第一原则。

第二，构建由通用大模型、教育垂类大模型和教育服务商共同参与的有机生态系统。建立为“人工智能 + 教育”提供支撑的基础设施和技术底座，推动不同细分领域的教育专用大模型不断涌现，为政府、学校、家长、学生等各方主体带来多样化的教育产品及服务方案。

第三，推进深层次变革，塑造“人工智能 + 教育”新生态。要革新育人理念，加速教育的“选、教、学、考、评”各环节由“知识为主”向“能力为先”转变。升级办学路径，鼓励学校主动调整优化人才培养方案，主动调整专业结构，适应社会需求。创新教学模式，构建虚实融合、“师、生、机”三元交互的教学新范式。转型学习范式，充分重视学生的主体地位和发挥教师的主导作用，从“被动式学习”向“自主性学习”转变。完善评价方式，从“结果评价”转变为“多元评价”，探索形成基于大数据的全量化、智能化的教育教学评价体系。

五、强化教师教育，提高应用能力

人工智能与教育融合的重点在课堂、关键在教师。一方面，要在全国范围内启动“教师人工智能素养提升计划”。推动各级教育主管部门和学校建立系统化的教师培训与发展计划。注重提升教师对人工智能相关技术的认识，促使教师队伍了解技术创新的基本原理及应用模式，帮助教师掌握人工智能

① 《微镜头·习近平总书记两会“下团组”“教育，不能把最基本的丢掉”（两会现场观察）》，《人民日报》2025 年 3 月 8 日。

技术的应用方法，提升教师的人工智能素养。引导教师正确处理教育与技术的关系，主动适应技术变革，确保教师能用、会用、善用人工智能技术。

另一方面，要为教师创新应用人工智能提供包容支持的政策环境。搭建安全技术环境，为教师提供自主空间，鼓励教师大胆实验，在安全环境下鼓励教师在不断试错中找到最佳教学方案，使有兴趣的教师敢于放下包袱，勇于做“第一个吃螃蟹的人”。建立激励机制，通过设立创新奖项等方式，激励教师广泛探索将人工智能与课堂教学融合的多种形态，通过创新性的教育实践为学生提供更个性化的学习体验。构建资源共享平台，汇集世界各国教育机构在人工智能教育应用中的最佳实践案例，使教师可以便捷地获取前沿人工智能教育技术和应用实例，促进教师之间的经验交流与合作。

六、培养创新人才，发挥支撑作用

以人工智能技术为切入点，深化教育科技人才体制机制一体化改革，完善科教协同育人机制，加快培养造就一支规模宏大、结构合理、素质优良的人工智能创新型人才队伍。

一是建立大中小学衔接的人工智能技术创新人才培养体系，超常规培养急需高层次人才，确保我国前沿技术在全球范围内的竞争力和先进性。依托人工智能学院，创新人才培养模式，形成包含基础理论、工程技术和市场开发等全链条的人才培养梯队，建立包括学术界、产业界、金融界在内的人才培养支持体系。

二是大力培养人工智能应用治理人才。人工智能应用涉及社会千行百业，它不仅需要技术开发人才，更加需要理解技术且深谙场景需求的从业人员，因而未来对人工智能复合型人才的需求更加强烈。要继续推进新工科、新文科、新农科、新医科建设，在“双万计划”中开辟人工智能赛道，促进人工智能与学科知识、专业领域的深度融合。

三是大力培养人工智能治理的国际化人才。与航空、通信、核能等技术的应用类似，人工智能治理面临在国际舞台上争夺话语权和领导权的问题，因而必须加强人工智能国际治理的人才队伍建设，为我国深度参与人工智能治理提供充足的人才储备。

七、推进全民教育，提升伦理素养

与其他场景不同，教育与人工智能的关系不是单向的，教育不仅能够影响人工智能技术本身的发展，而且肩负着引领未来社会变革的使命和责任。人工智能技术的通用特征使其风险具有分散性和社会性，人工智能的价值释放和风险防范需要全社会的共同努力。因此，教育需要发挥自身功能，主动回应社会需求。在全社会范围内启动“人工智能素养全民普及行动”，将人工智能伦理教育纳入基础教育体系，引导公众正确认识和使用人工智能技术。在中小学课程中系统化融入人工智能的伦理与社会责任教育，帮助学生从小树立正确的伦理观念和培养价值判断能力。通过伦理价值嵌入，厚植“智能向善”的技术基因，使技术向善成为未来技术开发者的基本价值底线。

要通过在线课程、公开讲座、社区活动等多种方式，面向不同年龄段、职业和社会角色的公众提供相关培训。增强全民的技术伦理素养，确保在人工智能技术快速发展的同时，社会各界都能以负责任的态度进行应用与监督。制定“提升全民人工智能素养中长期规划”，将人工智能教育融入终身教育体系，保证培训全覆盖，引导公众善用人工智能，培育伦理自觉，规避恶意使用，增强个体在智能时代的竞争力。

八、加强国际交流，参与全球治理

一是开展多层次多领域对话交流，引领人工智能教育领域的规则标准制定。要深入挖掘和利用生成式人工智能、大模型的重知识、强渗透、易融合、多主体等技术特性，在具体学科领域及某一特定场景之中，充分发挥专业学会、技术社群、行业组织的纽带作用。围绕人工智能赋能科学研究、人工智能辅助教学、人工智能人才培养、人工智能影响下的教育转型等重点前沿问题，与美国、欧盟等国家和地区开展一轨、二轨等多层级对话，逐步在细分领域和场景之中形成共识，为标准和规则的制定奠定扎实的基础。依托世界人工智能大会、人工智能合作与治理国际论坛等平台，提升中国在人工智能教育领域规则和标准塑造的国际影响力。

二是利用教育价值共识，在人工智能全球治理中积极作为。教育在不同国家之间的分歧小，在强调以人为本、保证学术诚信、坚守教育初心等核心价值方面形成“最大公约数”，各国教育部门面临的难题具有很强的一致性。我国相关部门可以在联合国等框架内形成双边或多边共识性文件，为全球教育事业发展提供“公共产品”，在个别领域形成国际社会认同的理念和规则，提升中国教育的全球影响力。

三是开展“全球未来教师素养提升工程”，支持国产教育大模型积极出海。坚持“走出去”和“引进来”相结合，开展“全球未来教师素养提升工程”，为国际提供公共产品，弥合全球智能鸿沟，提升未来教师人工智能素养。通过“走出去”的方式，支持国内高校、企业、科研机构在人工智能技术落后国家、重点国家、“一带一路”沿线国家和地区合作打造人工智能人才培养基地、教育培训基地，通过技术帮扶、联合研发等多种形式实现技术的扩散和转移。通过“引进来”的方式，在来华留学人员的奖学金资助、高校留学生专业分配、来华访问学者等计划中适度增加人工智能技术发展和治理领域的名额占比，赋能全球人工智能发展和治理领域的能力建设。建立推进国产教育大模型国际化的协同机制，出台优惠政策，为国产大模型出海提供良好的政策环境，为企业提供国际市场风险评估服务，推动教育技术企业参与国际技术标准制定。

下篇

典型案例

第七章 | “人工智能 + 高等教育”

一、清华大学——多模态大模型 GLM 赋能教学

（一）案例概要

1. 项目基本情况

清华大学于 2023 年 9 月 28 日正式启动“人工智能赋能教学”试点计划，旨在通过深度融合人工智能技术，全面提升教学质量和效率。该计划依托清华大学自主研发的千亿参数多模态大模型 GLM 作为平台与技术基座，于 2023 年秋季学期为“新城市科学”等 8 门试点课程定制智能助教系统；2024 年清华大学开展“100 门人工智能赋能教学试点课程”，涵盖 154 门独立课程、3 门平行课程以及 3 个专业课程体系，其中包含多门人工智能主导的新型课程，探索人工智能教师的应用场景。

此外，清华大学举办人工智能赋能教育教学系列活动，深化师生对人工智能技术及其在教育领域应用的理解。同时，清华大学高度重视国际合作，设立中泰高校教师人工智能素养提升工作坊，并访问印度尼西亚，探讨在人才培养方面与人工智能等前沿科技领域深化合作。

2. 项目亮点

（1）自主研发的千亿参数多模态大模型 GLM

清华大学自主研发的 GLM 模型是国内外少有的千亿参数多模态大模型，具备领先的多模态处理、工具调用、代码生成与理解能力。这一模型的使用确保了项目的自主可控性，展示了清华大学在人工智能领域的技术实力。

（2）“AI 教 AI”新型人工智能通识课

清华大学推出“迈向通用的人工智能”课程，课程团队制造的 AI 智能体主导课程传授与师生交流，真人教师处于“隐身状态”，实现了全新的智能化教学模式。课程中，学生与 AI 教师、AI 助教和 AI 同学一起创造性地学习 AI，体验 AI 提供的沉浸式、个性化的学习活动，革新了未来教育的方向。

（3）人工智能赋能教育教学的高端讲座与沙龙

清华大学精心策划并推出了一系列高端讲座与沙龙活动，由院士、教授等顶尖学者领衔主讲，深入探讨人工智能的前沿研究成果及其在教育领域的深度融合与创新应用（见图 7-1）。这些活动不仅汇聚了行业的智慧精华，而且极大地吸引了广大师生的积极参与，有效提升了师生在人工智能领域的素养，激发了他们在教育教学实践中的创新思维和探索精神。

图 7-1　梁正教授讲授人工智能发展及应用公开课

资料来源：清华大学人工智能国际治理研究院。

3. 项目特点

（1）垂直领域模型的精准应用

清华大学人工智能研究院基础模型研究中心组建研发团队，与首批遴选出的不同学科的 8 门试点课程教师合作，基于课程讲义等相关数据，通过微调 GLM 量身定制课程的垂直领域模型。此外，根据不同课程特点与师生诉求进行功能模块的个性化定制，显著提高了教与学的效果与效率。

（2）全流程覆盖的人工智能助教系统

人工智能助教系统具备范例生成、自动出题、答疑解惑、运算推理、评价引导五大功能，全面覆盖了教学的各个环节，从备课到学习、从评价到反馈，全方位支持教师和学生，进一步提高教师的教学效果与效率，为学生提供个性化学习支持与指导。

（3）国际合作与推广前景

清华大学积极推进人工智能赋能教育的国际合作，如与泰国和印度尼西亚等国家开展合作，并计划通过将成功经验推广至全国更多高校，扩大项目的影响力和应用范围。

（二）技术架构

人工智能赋能教育教学的技术架构由模型层、引擎层和应用层三个核心部分组成（见图 7–2）。模型层采用 GLM 为教学场景提供基座支撑和算力保障，确保其高效稳定运行；引擎层实现对数据的处理以及面向学科专业的内容准备；应用层直接服务于教与学，通过一系列智能功能，显著提升教师的教学效果和学生的学习体验。

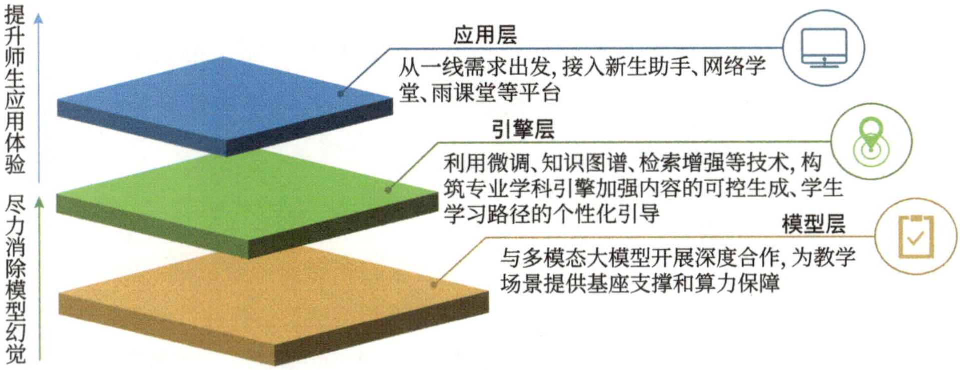

图 7–2　人工智能赋能教育教学的技术架构

资料来源：清华大学在线教育中心副主任徐葳的讲座“生成式人工智能赋能教育教学”。

（1）模型层

模型层以 GLM 为核心，充分体现了多模态处理、工具调用、代码生成与理解等先进能力。基于这一核心大模型，通过基于课程资料的微调，生成了面向课程的垂直领域模型，这些模型经过针对特定课程的需求进行模块的个性化定制，能够为教学过程提供更为专业和精确的支持，助力实现个性化和高效的教育目标。

（2）引擎层

引擎层包括数据处理引擎与教学智辅引擎两个方面。数据处理引擎负责系统中数据的管理和处理工作，通过对多渠道（课程教材、讲义、文献、慕课等）的数据进行采集以及将无结构数据转化为结构数据，使其能够用于模型训练。教学智辅引擎运用微调、知识图谱、检索增强等技术为特定的学科专业提供高质量的数据，确保内容的可控生成与学生学习的个性化引导。

（3）应用层

目前该项目的应用以人工智能助教为主，主要包括范例生成、自动出题、答疑解惑、运算推理、评价引导五大功能，通过智能化的方式直接支持教学和学习。

范例生成：系统能够根据课程内容和教师需求自动生成教学案例，大大提升备课效率。自动出题：系统基于知识点和教学要求自动生成并调整试题，支持教学评估和学生自测。答疑解惑：在学习过程中，系统提供针对性的课程内容解答和学习指导，帮助学生解决遇到的问题。运算推理：对于复杂的题目，系统不仅提供答案，还提供公式、解题过程和思路，帮助学生更好地理解问题。评价引导：通过对学生作业的批改和分析，系统能够提供发展性反馈，帮助学生提升批判性思维和创新能力。

（三）业务介绍

1. 业务对象

“人工智能赋能教育教学”项目主要包括试点课程的遴选、人工智能助教的研发与应用、师生人工智能素养的提升等，业务对象包括但不限于以下几个方面。

（1）教师

为人工智能助教系统的研发提供课程相关数据以及定制化需求；使用人工智能助教实现更精准的教学设计和个性化教学。

（2）学生

提供定制化助教系统的用户诉求；使用人工智能助教开展个性化学习。

（3）教务处

负责整体试点项目的协调与支持工作，确保试点课程的顺利开展和人工智能助教系统的有效部署与应用。

（4）技术团队

来自清华大学人工智能研究院基础模型研究中心，负责人工智能助教系统的技术开发与模型训练。

（5）教师发展中心、在线教育中心

组织人工智能赋能教育教学相关技术培训、教师沙龙活动。

2. 业务流程

人工智能赋能教育教学的业务流程如图 7-3 所示。

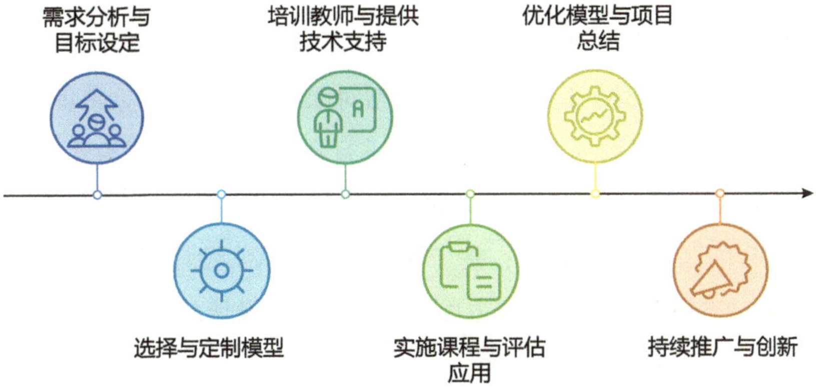

图 7-3 人工智能赋能教育教学的业务流程

资料来源：作者自制。

（1）需求分析与目标设定

调研识别教育需求，设定提升教学质量、支持个性化学习等目标，推动教育创新。

（2）选择与定制模型

采用 GLM 大模型，针对课程特点进行定制，开发多功能人工智能助教系统。

（3）培训教师与提供技术支持

对教师进行技术培训，建立技术支持体系，确保教学工具的有效利用。

（4）实施课程与评估应用

在试点课程中应用人工智能助教系统，收集数据，观察教学效果。

（5）优化模型与项目总结

根据反馈和数据分析优化模型，调整教学流程，总结项目经验，提炼推广模式。

（6）持续推广与创新

推广至百门课程，与高校合作研讨，探索人工智能教学新场景，创新教学模式。

3. 典型应用场景

目前，该项目首批试点的8门课程得到了师生的积极反馈，取得了良好的应用效果，具体应用场景如下。

（1）“新城市科学”课程

课程知识图谱构建：运用GLM大模型对课程资料（教材、慕课课件、中英文论文、报告及案例等）中的知识点进行自动抽取，进而构建6个层级、57个知识单元、138个知识点的知识图谱。

功能卡片、问题模板设计：基于课程内容，从实验计划、观察报告、改造方案、修改与评价、出题5个方面，与研发团队设计25个卡片，每个卡片包含标题、介绍与提示词，启发学生与人工智能助教系统实现高质量的交互，增强学习体验。

课程垂直领域模型训练：基于ChatGLM大模型，使用检索增强生成（RAG）技术，输入课程相关资料及知识图谱，对模型进行深度训练。经过训练，模型的答题正确率显著提高，从原来的80%提高至95%，同时，模型在答题过程中能够提供详尽的解释，提升了答题的准确性和可解释性。

（2）“化工热力学”课程

课程垂直领域模型训练：基于课程相关的100多篇文献和书籍，完成模型初步训练。

自动出题、解题、思路引导：人工智能助教系统具备出题、逻辑推理等功能，并在课程的大作业中作为辅助工具使用。

7×24小时助教问答：人工智能助教系统提供全天候即时反馈。

（3）“写作与沟通”课程

学生写作评价：人工智能助教系统能够针对学生提交的文章提供评分批改建议，方便学生及时收到具体的写作反馈，同时也能减小教师批改作业的工作量。

生成反面教学案例：人工智能助教系统中预设“反面案例”功能栏，通过生成写作反面案例培养学生逆向思维能力，同时大大减少教师备课时间，提高教学效率。

（4）“心智、个体与文化”课程

智能化批改作业：人工智能助教系统能够生成写作评价标准，并针对学生的写作给出具体评价，显著提升学生写作水平。

学习反馈支持：人工智能助教系统能快速学习心理学知识与理论，为学生提供及时有效的反馈。

学生反馈情况：人工智能助教系统从内容准确度、结构清晰易懂度、认同程度和帮助性方面生成学生反馈信息，与通用大模型和真人助教相比更具优势。

（5）“环境决策实践”课程

个性化学习支持：任课教师自主研发天工 AI 大模型，提供智能评估和反馈，促进学生的个性化学习。

问答互动模式：探索以问答为核心的互动式知识获取模式，提升课程参与度。

（6）“大学物理”课程

代码形式解题：尝试以代码形式解答物理问题，补上了传统文字解答的不足。

（7）“电路原理”课程

知识图谱构建与应用：基于教材、慕课视频、雨课堂视频、雨课堂问答、学堂在线问答、学堂在线讨论区、雨课堂弹幕等课程资源构建知识图谱。学生在使用知识图谱时，点击知识点，会看到 AI 学习空间中的视频内容，包括知识引导、讲稿和切片，同时有 AI 学伴全程陪伴学习。

课程垂直领域模型训练：基于大量教学资源，进行知识点的输入与抽取；实现对电路图的数据处理和建模理解。

7×24 小时助教问答：人工智能助教系统提供全天候即时反馈。

（8）“数字电子技术基础”课程

增强知识库模型能力：增强了人工智能助教系统的知识库模型能力，提升教学效果。

学习分析可视化：为任课教师提供学生使用人工智能助教系统的可视化分析，包括问题内容词云、模型回答内容词云、引用资料词云、每日用户对话数量统计、用户习惯使用时间统计等，方便教师实时掌握学生的学习进度。

多元化角色探索：探索人工智能助教系统在课程中的多元化角色与定位，帮助学生更好地理解和应用所学知识。

（四）数据要素

1. 多渠道数据融合

清华大学利用慕课、雨课堂等多种资源进行数据融合，并通过智能分析提供精确的教学支持。

2. 高质量数据治理

数据层中的教学资源经过系统化处理，确保了数据的高质量和可靠性，有效支持了人工智能助教系统的各项功能。

3. 智能化深度挖掘

GLM 大模型通过深度学习和自然语言处理技术，对学生的学习行为进行深入挖掘，从而提供精准的个性化服务。

4. 数据可视化

系统将分析结果以可视化方式呈现，帮助教师和学生更直观地了解学习进度和效果。

（五）场景推广

1. 场景类型

（1）教师教学辅助场景

备课优化：利用人工智能助教系统，实现教学案例生成、自动出题和资源提供，减轻教师备课负担，提升备课效率和质量。

个性化教学：基于学生学习情况，提供个性化学习建议、答疑解惑和学习路径规划，助力教师实现因材施教。

教学评价：人工智能技术用于作业批改和效果评估，提供改进建议，帮助教师精准掌握学生学习状态。

（2）学生学习辅助场景

个性化学习：根据学生基础、兴趣和目标，提供定制化学习路径、资源和辅导，促进学生高效学习。

答疑解惑：人工智能助教系统实时解答，提升学生学习效率，解决学习难题。

学习评估：技术辅助评估学习效果，帮助学生了解自身情况，进行针对性学习。

（3）课程建设场景

内容优化：人工智能分析课程内容，提取知识点，构建知识图谱，优化课程结构。

资源建设：利用技术搜索、推荐和整合教学资源，丰富课程内容。

课程评估：通过人工智能技术评估课程效果，指导教师改进教学。

（4）教育管理场景

数据分析：收集和分析学生学习数据，为教育管理提供决策支持。

教学质量评估：评估教师教学情况，推动教学质量提升。

资源配置：优化教育资源分配，提高资源利用效率。

2. 项目支持条件

（1）技术支持

高校在推动教育教学数字化转型中，依托自研或市场上性能优异的大模型及其技术团队作为核心支撑，同时利用丰富的教学数据、公开论文和慕课资源为模型训练提供充分的支持。

（2）政策支持

国家层面高度重视教育数字化，为相关项目创造了有利的政策环境；同时，学校也积极响应，通过提供资金和资源来支持教育数字化转型工作。

（3）人才支持

专业教师团队贡献宝贵的学科知识和经验，学生团队提供反馈和建议，共同推动项目的发展。

（4）知识产权保护

在购买大模型服务时，高校应细致审查合同知识产权条款，明确权利和义务，争取拥有知识产权。同时，高校可通过签订保密协议来保护商业秘密，设定使用限制防止数据滥用，标注版权信息，明确责任归属，咨询法律顾问确保行为合规，定期监控审计使用情况，对师生进行知识产权教育，全面维护合法权益。

3. 场景的组织管理与实施

建议采用多方协同的组织管理模式，确保项目高效运行。技术中心负责模型训练和技术支持；教师提供专业知识，应用并评估模型；学生反馈使用体验，提出改进建议；教务处协调项目，确保顺利实施。在初步试点成功的基础上，可进一步构建“深度系统整合 + 自主创新”的组织模型，提供统一的人工智能教学服务，支持教师自主开发课程助教系统，探索多种教育赋能可能性。

二、北京邮电大学——码上大模型智能编程教学平台

（一）案例概要

1. 基本情况

码上是北京邮电大学 EZCoding 雏雁 / 大创团队自主研发的大模型赋能的智能编程教学平台。针对高校编程教学过程中学生亟须一对一辅导的需求，码上基于讯飞星火大模型，采用自研核心技术，为学生提供实时、个性化、启发式的编程辅导服务（如代码纠错、代码解读、编程问答等），为教师提供灵活、高效、多维度的教学支持服务，可有力支撑学校的编程教学活动，提高学生学习效率，减轻教师工作负担，促进教育数字化转型。

2024 年 4 月，码上入选了教育部首批 18 个“人工智能 + 高等教育”应用场景典型案例；12 月，在英国伦敦举行的 2024 世界慕课与在线教育大会上，码上成为重点展示的全球 8 个教育数字化前沿成果之一。当前，码上已发布 3.0 版本，升级成为教学智能体应用平台；同时还发布了“初发”教学智能体开发平台，二者共同组成了教学智能体开发应用一体化系统，支持师生快速开发出各个学科的教学智能体。

2. 项目亮点

不同于以教师为中心、以在线课程学习为主要学习形式的主流智能教学平台，码上采用全新的技术路线和教学理论，构建了一个以学生为中心、以问题驱动学习（PBL）为主要学习形式的新型智能教学平台，为学生提供自主、灵活、开放、个性化的学习体验。当前，码上的主要功能包括一对一辅导、问答论坛、教学管理三大板块。

（1）一对一辅导板块

该板块提供代码纠错、代码解读、编程问答、知识问答等以编程答疑为特色的智能辅导答疑服务，创新性的设计实现了以学生为中心的智能辅导流程（见图 7–4）。

首先是五轮启发式辅导。对于学生的错误代码和编程问题，码上通过智能审题、代码分析、关键点拨、详细指导、正确代码这 5 个步骤，循序渐进地启发和引导学生自行发现错误，独立解决问题。

其次是多轮对话式答疑。码上遵循孔子—苏格拉底对话式教学法，与学生持续对话，有问必答。

再次是个性化知识点提示和学习资源推荐。码上使用大模型分析学生问题所对应的课程知识点，给出个性化学习建议；同时还会推荐相关的互联网教学视频和文章，从而实现一站式学习服务。

最后是针对性的教师指导。当大模型无法提供完全正确的答案时，码上允许学生在线求助教师，教师可为学生提供针对性的指导，这样就实现了人类与大模型合作提供辅导答疑服务。

图 7-4　一对一辅导板块功能

资料来源：界面截图。

（2）问答论坛板块

码上遵循社交学习理论，为师生提供一个网络论坛。学生可将自己与大模型对话的一对一辅导帖子公开发布到论坛上，全校师生一起讨论，互相学习借鉴，从而形成“师—生—AI”三方互动的学习社交环境，激发学生的学习兴趣（见图 7-5）。

图 7-5　问答论坛板块功能

资料来源：界面截图。

（3）教学管理板块

该板块为教师和学校提供课程、班级和学生管理功能，以及班级内学生帖子的审阅功能。教师可通过浏览和点评本班学生的一对一辅导帖子来了解学生使用码上进行自主学习的情况，并提供辅导。此外，该板块还为教师提供学生在码上学习的全流程、多维度、细粒度的统计数据，可支撑教师开展定量的教学研究（见图 7–6）。

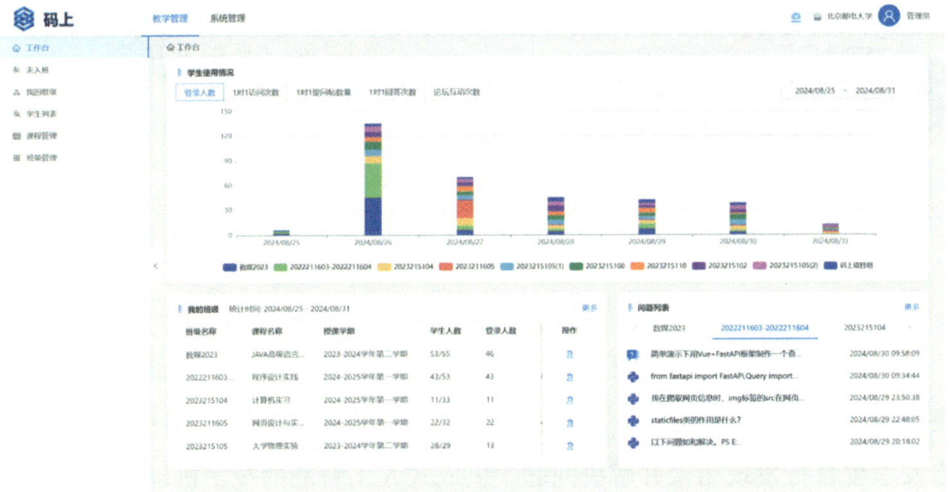

图 7–6　教学管理板块功能

资料来源：界面截图。

（二）技术架构

1. 技术原理

码上是一款基于大模型的智能编程教学平台。在大模型层面，码上采用讯飞星火大模型，充分利用其优秀的代码生成、代码解释、代码纠错、代码转换、编程问答等能力。在核心技术层面，码上团队自研了一系列核心技术，包括大模型并行调度算法、启发式答疑算法、动态提示词库、代码预处理技术等，显著提升了启发式教学环境中大模型答疑的准确率，提高了答案的易读性。在产品功能层面，码上为学生提供实时、个性化、启发式的编程辅导服务，为教师提供灵活、高效、多维度的教学支持服务（见图 7–7）。

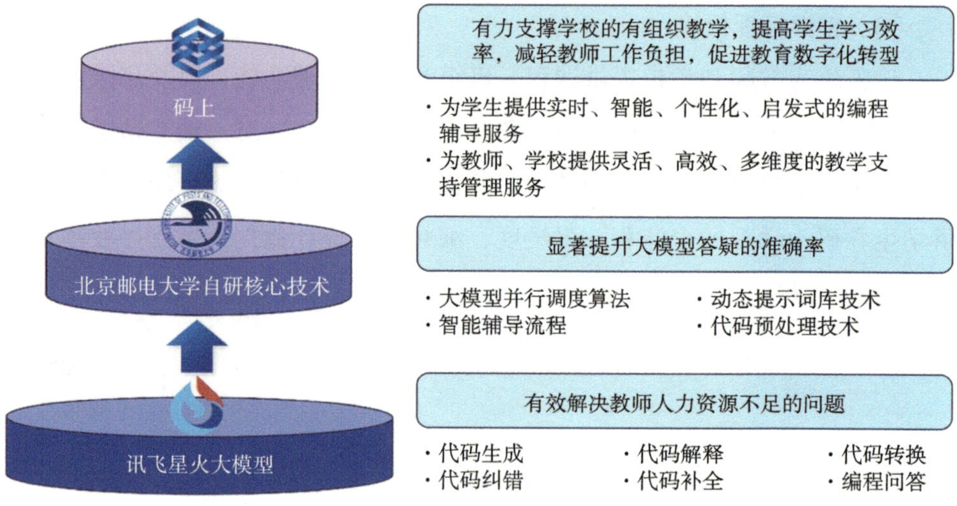

图 7-7 码上平台的技术原理

资料来源：作者自制。

2. 创新技术

在教学过程中，教师对于学生提出的问题，不会直接提供最终答案，而是会采用启发式教学方法，通过由宏观到微观的多步提示，循序渐进地逐步启发学生自行发现错误并解决问题。生成式人工智能的技术机理决定了其在直接根据问题生成最终答案时准确率较高，而在上述分步骤的启发式教学场景，其答疑的准确率迅速降低。为此，码上项目团队自主研发了“逆序生成—顺序展示”的大模型并行调度算法。

当用户输入编程问题和错误代码后，该算法会启动两个并行的流程，一方面用大模型来生成“智能审题”和“代码分析”内容，并逐步展示给用户，另一方面直接根据用户的问题生成修正错误后的正确代码，然后让大模型通过对比错误代码和正确代码，归纳出其改错的理由，形成“关键点拨”和“详细指导”的内容。当用户完成“智能审题”和“代码分析”的学习后，再按照启发式流程顺序向用户展示“关键点拨”“详细指导”“正确代码”这三个信息（见图 7–8）。这种“逆序生成”而又“顺序展示”启发式教学内容的方法，在保证用户获得启发式教学体验的同时，充分利用了大模型在直接生成最终结果（正确代码）时准确度最高的特性，显著提升了其在启发式答疑场景中的准确度。项目组基于国际权威的 ITSP 数据集进行了代码纠错任务的对比测试，测试数据显示，采用本算法后，在启发式教学场景，大模型代码纠错的准确率提升了 21.7%，效果非常明显（见图 7–9）。

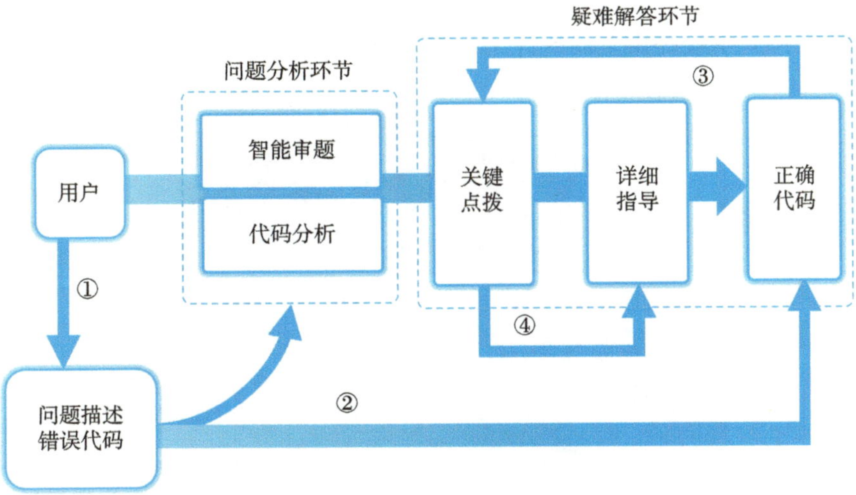

图 7–8　大模型并行调度算法

资料来源：作者自制。

基于ITSP国际测试数据集的测试结果显示，采用“逆序生成—顺序展示”的大模型并行调度算法后，在启发式教学场景中大模型答疑的准确率提高了21.7% (73.2%-51.5%=21.7%)。

Table: Testing results on output performances

Lab	#Prog	Lab Topic	Unaltered	AutoTest Score: Domestic Base Model（直接使用星火3.5）	Foreign Base Model（直接使用GPT3.5）	Our Approach（本算法over星火3.5）
Lab 3	63	Simple Expressions, printf, scanf	37.0	45.3	57.8	**70.8**
Lab 4	117	Conditionals	38.1	65.9	66.8	**83.2**
Lab 5	82	Loops, Nested Loops Integer Arrays	31.5	57.8	71.4	**74.3**
Lab 6	79	Integer Arrays	21.8	46.6	75.5	**77.3**
Lab 7	71	Character Arrays (Strings) and Functions	32.8	30.5	50.5	**53.5**
Lab 8	33	Multi-dimensional Arrays (Matrices)	56.2	54.1	41.3	**73.0**
Lab 9	48	Recursion	16.9	47.1	47.0	**78.4**
Lab 10	53	Pointers	42.9	50.8	64.0	**75.5**
Lab 11	55	Algorithms (Sorting, permutations, puzzles)	20.3	53.4	59.9	**65.8**
Lab 12	60	Structures (User-Defined data-types)	30.0	63.4	64.6	**79.9**
Result	-	-	**32.7**	**51.5**	**59.9**	**73.2**

* This test was completed based on the ITSP dataset in 2024.3. Our approach is fully based on Chinese models.

图 7–9　启发式教学场景中代码纠错对比测试结果

资料来源：国际公开的 ITSP 测试数据集。

（三）业务介绍

1. 业务对象

码上是为学校编程教学设计的智能编程教学平台，同时服务学生、教师和学校三类用户（见图 7–10）。

学生：为学生提供代码纠错、代码解读、编程问答等编程辅导服务。

教师：为教师提供智能助教、教学管理、师生互动等教学支持服务。

学校：为学校提供全局统计、学情分析、教学评估等教学管理服务。

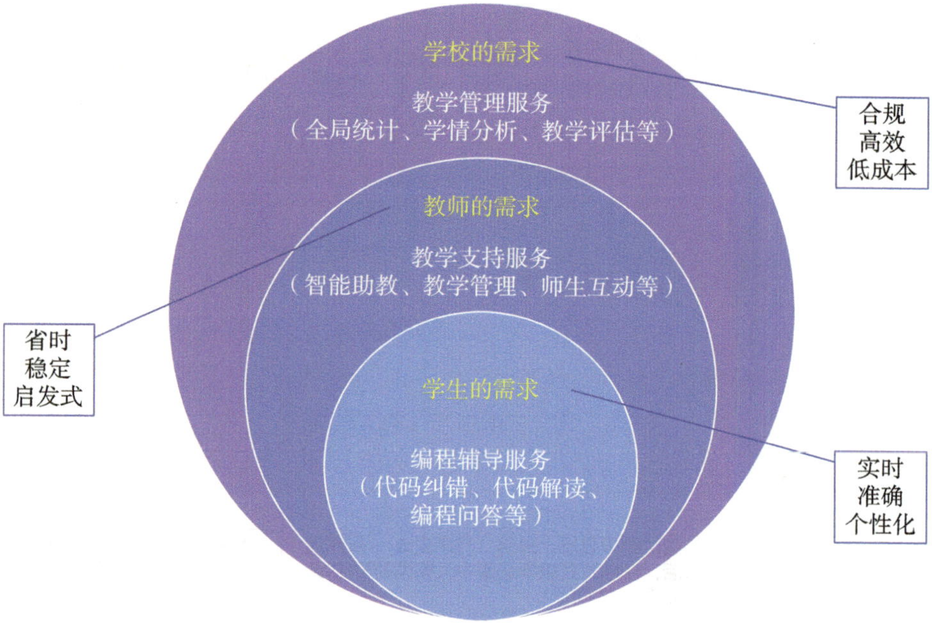

图 7-10　码上平台的业务对象

资料来源：作者自制。

2. 业务流程

面向高校编程教学场景，提供实时、个性化、启发式、一对一的代码纠错、代码解读、知识问答、论坛交流等编程辅导服务，实现了“5+N+！ +？”智能辅导流程。

（1）用户接入

学生和教师用户通过官方网站访问码上平台。

（2）学生用户使用一对一辅导服务

学生用户提出编程问题，码上将提供实时、个性化、启发式的编程辅导服务。

“5”指 5 轮启发式辅导。

①智能审题：解读题目，指出解决思路。

②代码分析：分析错误代码的意图与思路。

③关键点拨：从宏观上指出代码的问题和错误，包括语法错误、语义错误、算法优化建议、代码风格改进建议等。

④详细指导：指出代码的具体问题，给出详细修改建议。

⑤正确代码：给出修改后的正确代码，同时提供代码比对功能，帮助学生迅速定位修改之处。

针对上述每一步，学生都有两种选择："我懂了"或"还不明白"。点击前者，将结束辅导；点击后者，将展示下一步。通过这种方式，不断启发学生循序渐进地思考问题，引导学生自行发现并解决问题，获得独立编程能力。

"N"指多轮对话式答疑。

学生可继续提问，码上通过多轮对话回答学生的各种问题，实现孔子—苏格拉底对话式教学。

"！"指个性化知识点提示。

学生点击"知识点"按钮后，码上将分析该问题所对应的课程知识点，并给出个性化的学习建议。后续，这部分将结合课程知识图谱，与在线智慧课程贯通。

"？"指针对性的教师指导。

码上能够解决学生的大部分问题，对于少数无法解决的难题，学生可点击"求助老师"按钮，教师可提供针对性的指导。

（3）教师用户使用教学管理服务

教师可通过浏览和点评本班学生的一对一辅导帖子来了解学生使用码上进行自主学习的情况，并提供辅导。此外，教师还可以看到本班学生在码上学习的全流程、多维度、细粒度的统计数据，这些数据可支撑教师开展定量的教学研究。

学生使用码上的全过程都在教师的监控之下，教师由一线辅导退居二线，工作量大大减小，可以根据详细的统计数据进行智慧教学。

（四）项目运营情况

（1）码上上线

2023 年 9 月 27 日，码上 1.0 版本在北京邮电大学上线，率先在国内高等教育领域启动了大模型赋能编程教学的探索。

（2）码上率先在国内开启大模型教学实验

2023 年 12 月，在北京邮电大学教务处的指导下，基于码上，北京邮电大学重点教改项目“AI 自然语言处理工具对程序设计类课程教学的影响和应对”启动了 3 个年级、3 门课程、311 名学生参加的大模型赋能编程教学实验。在此教学实验中，码上扮演一线老师的角色，提供编程辅导，任课老师退居二线，全程监督学生使用码上的全过程，可看到学生的发帖提问和码上的回答，并可进行评论，对难题补充答疑。实验收集到大量高价值的信息，为码上系统的演进确定了发展方向。

（3）教育部部长莅临考察指导

2024 年 1 月 23 日，教育部党组书记、部长怀进鹏考察北京邮电大学，校长徐坤在北京邮电大学智慧教育工作汇报中重点介绍了码上。项目指导老师徐童和学生团队负责人高德润给怀进鹏部长、校领导和张平院士作了系统演示，并回答了怀进鹏部长提出的问题。怀进鹏部长和校领导、张平院士一起围绕码上项目进行了热烈讨论。

（4）亮相 2024 世界数字教育大会

2024 年 1 月 31 日，在 2024 世界数字教育大会上，码上作为北京邮电大学数字教育的亮点成果和科大讯飞星火大模型上的明星应用，分别由北京邮电大学校长徐坤和科大讯飞总裁吴晓如作了介绍，在国内外形成了广泛影响。

（5）码上 2.0 版本正式上线，北京邮电大学启动大规模教学实验

2024 年 3 月 3 日，码上 2.0 版本正式上线，功能全面升级。码上 2.0 版本使用了科大讯飞于 2024 年 1 月 30 日发布的星火大模型 3.5。码上 2.0 版本，同时攻克了大模型并行调度算法、代码预处理等核心技术，使码上的答疑准确率大幅度提升。

基于码上 2.0 版本，北京邮电大学启动了大规模教学改革实验，在 39 天内，基于码上开设了 100 门实验课程，创造了“码上速度”。截至 2025 年 6 月底，已有 400 余名教师参与码上教学实验，基于码上开设了 220 余门实验课程，组建班级 400 个，累计师生用户超过 1.8 万人，提供智能答疑 25 万余次。

（6）码上入驻科大讯飞智慧教学平台，为全国师生提供服务

2024 年 3 月，码上入驻科大讯飞的全国智慧教学平台，开始为全国师生提供试用服务。截至 2025 年 6 月底，码上服务了来自全国 530 余个院校的数万名师生，累计提供智能答疑 54 万余次。

（7）入选教育部首批“人工智能 + 高等教育”应用场景典型案例

2024 年 4 月 17 日，教育部发布了首批 18 个“人工智能 + 高等教育”应用场景的典型案例，是其中唯一一个由低年级大创团队完成的项目。

2024 年 4 月 19 日，教育部专家组从上述 18 个案例中进一步选取了 8 个具有代表性和示范性的案例，码上再次入选并在其中排名第一。

（8）码上扬帆出海

2024 年 4 月 22 日，码上海外版正式上线，其体验版账号已作为中国大模型的典型应用和北京邮电大学智慧教育的代表性成果，赠送给柬埔寨、泰国、日本、韩国、澳大利亚、新西兰、斐济等国家的数十个院校和教育机构。

（9）开展教师大模型数字素养公益培训和实训服务

2024 年 6 月至今，北京邮电大学依托码上平台为贵州长顺县及新疆工程学院的 2000 余名教师组织了一系列大模型数字素养公益培训、实训和辅导答疑服务。

（10）在 2024 世界慕课与在线教育大会上重点展示

2024 年 12 月 12 日，2024 世界慕课与在线教育大会在英国伦敦开幕，码上成为大会重点展示的全球 8 个教育数字化前沿成果之一，并在大会发布的《世界高等教育数字化发展报告（2024）》中被介绍。

（11）码上发布 3.0 版本，与“初发”平台形成教学智能体开发应用一体化平台

2025 年 3 月，码上发布了 3.0 版本，升级成为教学智能体应用平台；同时，码上团队还发布了“初发”教学智能体开发平台。码上与初发组成了教学智能体开发应用一体化系统，支持师生快速开发出各个学科的教学智能体。

（五）案例适用场景及其组织和建议

1. 案例适用场景

（1）编程教学需求高

适用于编程课程教学中学生需要个性化和实时编程辅导的场景。

（2）教师资源紧张

适用于教师资源有限、无法为每位学生提供充分个别辅导的场景。

（3）教育数字化转型

适用于高校或教育机构进行教育数字化转型、正在寻求创新教学工具的场景。

（4）课程知识更新快

适用于随着技术快速发展，课程知识需要快速更新以适应行业需求的场景。

2. 场景组织与管理

（1）商业模式

码上的商业架构集“产、教、学、研、创”于一体，是产教融合、科教融汇的典型案例。码上与北京邮电大学和科大讯飞深度合作，共同探索 AI 大模型技术赋能教学之路。各方的角色和职责如图 7–11 所示。第一，码上作为创业团队，提供具有自主知识产权的码上平台产品和核心技术，并持续演进。第二，北京邮电大学基于码上开展大规模教学实验，进行产品功能验证和教学方法探索，同时提供科研支持。第三，科大讯飞基于自身技术积累，为产品提供人工智能大模型调用接口；同时，作为产业合作伙伴，整合产业链上下游资源，在全国进行码上的商业推广。

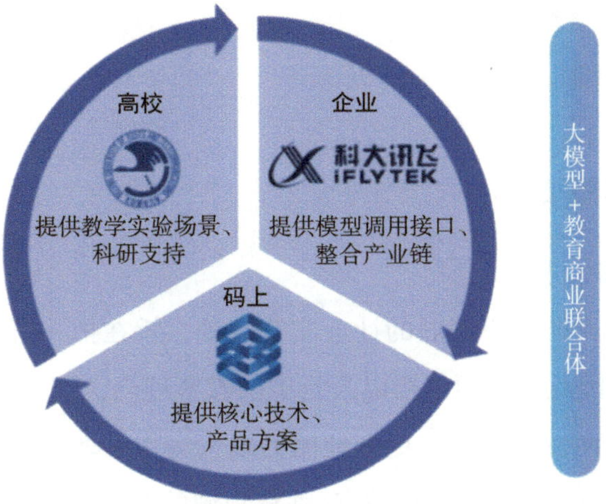

图 7-11　码上平台的商业模式

资料来源：作者自制。

码上主要面向有编程教学需求的大中专院校。2024 年起，码上拟支撑 500 所高校开展教学实验，截至 2025 年 6 月 29 日，共有 535 所高校接入。根据对行业及市场现状的分析，未来码上计划按校内注册用户规模向校方收取年度使用费。

通过多轮洽谈与合作，2023 年 7 月，码上受邀参加科大讯飞的高校大模型交流会，进一步深化了双方在技术上的交流。2023 年 9 月，码上又受邀参与了高校与科大讯飞战略合作交流会，现场展示了大模型在教育领域的应用成果。双方推出了“星火码上”商业产品，并上线了科大讯飞的智慧教学平台，计划在全国范围内推广这一战略产品，助力更多教育机构的智能化转型。码上始终坚持自主研发，与科大讯飞在技术、市场等方面进行持续双向调优，双方通过密切合作，共同推动教育科技的发展。

（2）组织管理

第一，实施定期的用户培训，提高用户对平台功能的认识和使用效率。

第二，建立反馈机制，收集用户对平台的意见和建议，以便不断改进服务。

第三，监控平台的使用情况，分析数据，以优化教学方法和学习体验。

第四，定期评估教学效果，确保平台提供的辅导服务能够满足教育目标需要。

第五，与行业专家合作，确保教学内容的前沿性和实用性。

三、华东师范大学——有温度的引导式教育大模型 EduChat

（一）案例概要

1. 项目基本情况

教育是影响人的身心发展的社会实践活动，旨在把人所固有的或潜在的素质激发出来。因此，必须贯彻以人为本的教育理念，重点关注人的个性化、引导式的身心全面发展。为了更好地助力以人为本的教育，华东师范大学计算机科学与技术学院开展了针对教育垂直领域的对话大模型 EduChat 相关项目的研发。该项目主要研究以预训练大模型为基底的教育对话大模型相关技术，融合多样化的教育垂直领域数据，辅以指令微调、价值观对齐等方法，提供教育场景下自动出题、作业批改、情感支持、课程辅导、高考咨询等丰富功能，服务于广大老师、学生和家长群体，助力实现因材施教、公平公正、富有温度的智能教育。

在 2023 世界人工智能大会前夕，华东师范大学开源了教育对话大模型 EduChat，以 13B 参数量的 EduChat 在中文多学科知识评估基准测试 C–Eval 中实现与 175B 参数量的 ChatGPT 相近的性能。其公众号累计阅读量超过 10 万次，Huggingface 模型累计下载量超过 7000 次，获得《解放日报》和华东师范大学公众号报道。构建并开源国内首个高质量、多样化、大规模的教育语料，达到 TB 级别规模，包含教材、题目、教学等多模态数据。同年 9 月，该项目入选联合国教科文组织典型案例，并于 11 月获得《自然》杂志科普栏目 *Feature* 报道。该项目同时也获得了 2023 年度上海开源创新卓越成果奖特等奖。

2. 项目亮点

EduChat 除了关注学生的文化素质培养，如支持自动出题、作业批改、课程辅导、高考咨询等，还注重学生的心理健康发展，提供心理理论指导的心理评估和疏导服务，助力实现有温度的智能教育。具体而言，EduChat 主要以心理咨询理论为基础，以人工智能技术为保障，以人机交互方法为支撑，促进青少年“情感—认知—心理健康”共同发展。依托心理学和计算机跨学科融合，EduChat 研发团队提出“可计算情感”的人机交互计算框架，实现了面向青少年心理状态“实时评估—及时干预—事后追踪”的完整闭环。基于团队研发的对话式心理评估技术，通过主动问询式对话交互，并结合语音、面部表情等多模态情绪识别，实现精准、高效的心理健康指数评估，赋能大规模人群的心理问题快速筛查和早期研判。针对部分轻度情绪障碍问题，EduChat 研发团队融合心理学中情绪聚焦疗法、认知行为疗法等理论，研发了具备疗愈特性的个性化情绪疏导技术，并辅以语音、视频、音乐等多种人机交互方式，全面守护青少年心理健康（见图 7–12）。

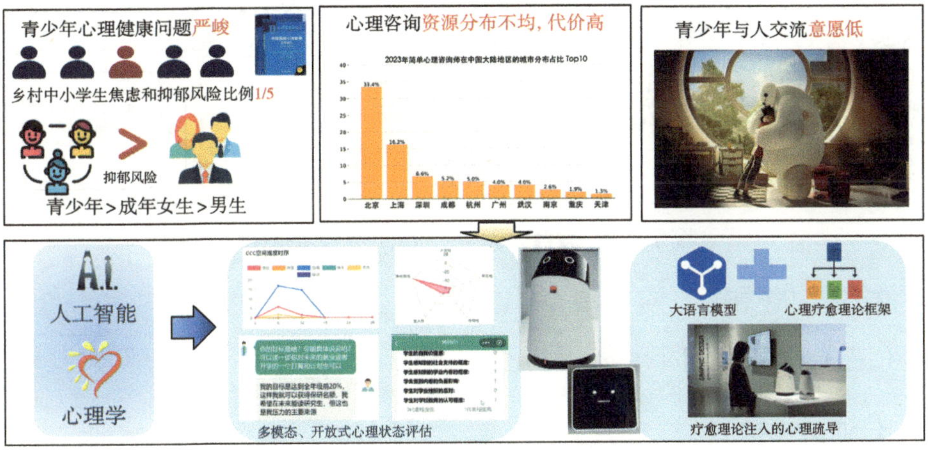

图 7–12 EduChat 支持的心理评估和疏导

资料来源：作者自制。

（二）技术架构

EduChat 是专为教育领域设计的一款大型语言模型，相关技术框架如图 7–13 所示。首先，在大规模教育语料库（例如教科书、基础任务指令）上进行预训练，让大模型掌握基础指令遵循能力。然后，通过在教育特色指令数据集上进行微调，进一步增强 EduChat 在多种教育场景（如开放问答、作文批改、引导式教学和情感支持）下的能力。此外，EduChat 利用在线检索，并结合自主检查机制，科学利用相关信息，提升回答的准确性和时效性，有效缓解大模型普遍存在的幻觉和知识更新滞后问题。为了更好地激发不同的教育功能，大模型配有多样化的系统提示，全面提升各教育场景下的专业能力。

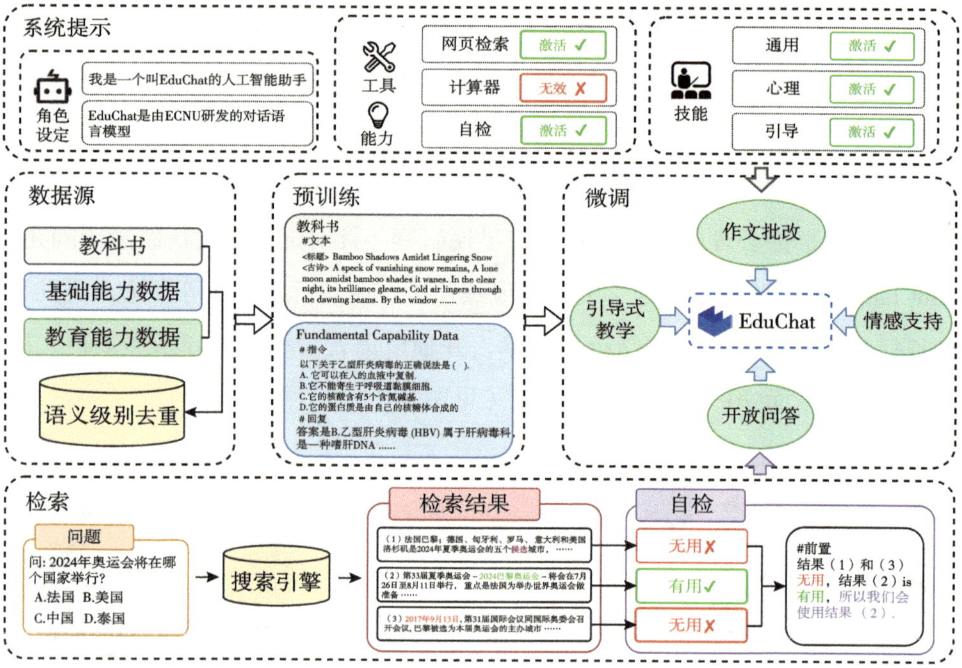

图 7-13 教育大模型 EduChat 技术框架

资料来源：作者自制。

（三）业务介绍

1. 业务场景

（1）引导式教学

针对较少受到关注的学生心智思维发展问题，融合苏格拉底式教学法，让模型具备启发式教学能力，通过反问、质疑和质询等多步问答方式，激发学生讨论、辩论、评估和分析等高级思维技巧，培养学生的自主学习和创新能力。

（2）心理评估和疏导

借鉴情绪心理学相关理论成果，模拟心理咨询师，深入了解学生的情绪状态，挖掘情绪问题的根源，为学生提供专业和个性化的心理评估和疏导服务，全面呵护学生身心健康成长。

（3）数智教材

将教材进行电子化，结合大模型技术进行智能化，通过更先进的输入输出界面，使得学生能更具象地理解抽象的数学知识。

（4）自适应学习

根据每一个学生的知识点掌握情况，对学生的认知能力作出诊断，分析学生学习路径，并据此智能推荐相关题目。

2. 问题解决

（1）因材施教解决课堂标准化问题

通过了解学生个人的知识点掌握情况，分析学生学习路径，个性化推荐题目和解决方案。

（2）纸质教材更新慢、交互死板问题

教材电子化和智能化，利用知识图谱和大模型等技术，可将不同知识点串联起来。

（3）学生心理问题严重

面对大学生心理健康问题，借助大模型实时关注学生心理状态进行预警，同时疏导学生心理。

（4）教学方式单向输出问题

通过反问、质疑和咨询等多步问答方式，锻炼学生讨论、辩论、评估和分析等高级思维技巧，培养学生的自主学习能力和创新能力。

3. 典型应用场景举例

（1）对话式心理评估

①场景及功能。

针对传统量表式评估方法获取信息有限、依赖用户主观评分、评估结果偏差大等问题，通过 EduChat 将心理健康评估由量表转变为人类自然对话方式，根据对话内容的变化对每个用户进行个性化灵活提问，并对对话内容进行多维度细粒度分析，实现教育场景下学业压力、抑郁风险等精准评估，并提供详细的评估报告，有助于进行大规模人群的心理问题早筛（见图 7–14）。

②案例特点。

基于心理学相关理论设计，可构建心理评估框架，并在思维链引导下动态追踪用户心理状态，以引导下一步提问，确保收集信息全面有效、评估结果更准确。

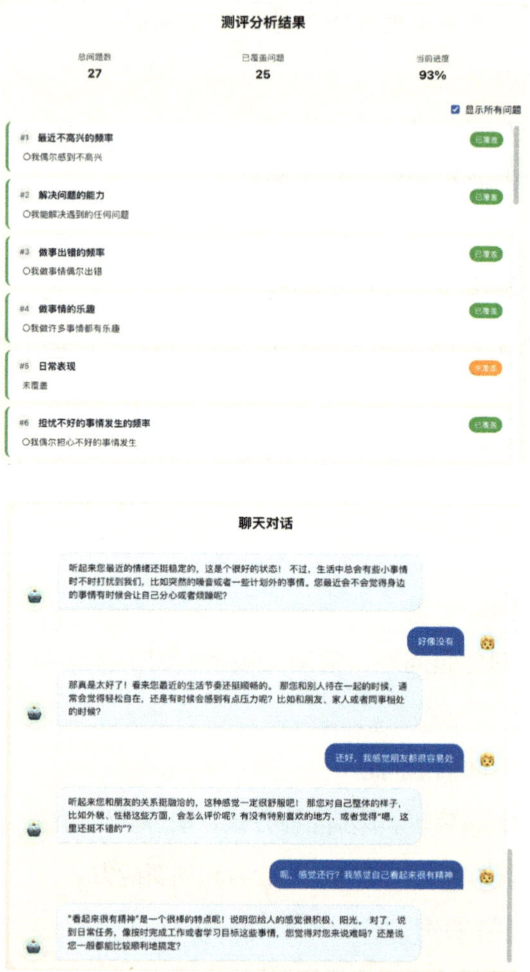

图 7-14　学业压力访谈对话及评估结果

资料来源：界面截图。

③案例效果。

研发团队与上海精神卫生中心达成合作意向，相关研究有助于实现随时随地、无感化心理评估，有助于心理问题早发现，以便进行及时干预。

（2）疗愈理论注入的心理疏导

①场景及功能。

基于情绪聚焦疗法（EFT）的心理疏导：研发融合情绪聚焦疗法的心理对话大模型，实现遵循情绪聚焦理论的全程、个性化心理疏导（见图 7-15）。

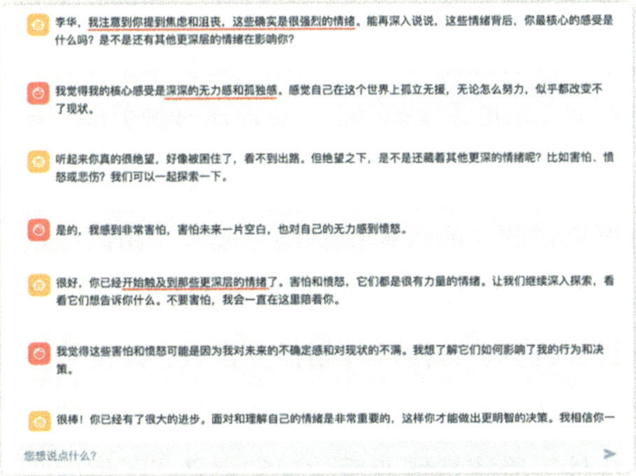

（a）引导用户体验自身身体感受

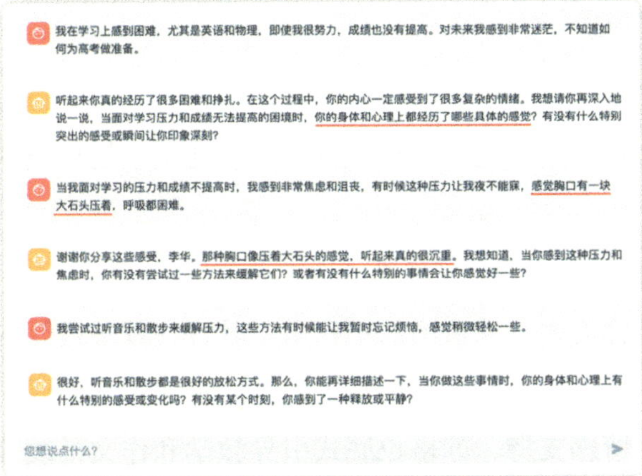

（b）促进用户情绪转变成语言

图 7-15　融合情绪聚焦疗法的心理对话过程

资料来源：界面截图。

②案例特点。

基于疗愈理论构建“目标—计划树”，实现心理困境分析、心理疏导目标拆分、分阶段计划任务设置、疗法策略选择等，提升大模型在心理疏导方面的专业性和个性化。

③案例效果。

华东师范大学与百度公司合作，依托教育部产学合作协同育人项目“AI+

心理教育产学研融合创新基地”，共同探索了人工智能技术与心理学的深度融合。华东师范大学上海智能教育研究院团队基于文心大模型研发了面向心理疏导的情绪聚焦心理咨询助手 EFT Bot，旨在通过聊天的方式，聚焦用户的情绪表现，提高用户的情绪智力，提升对情绪的觉察、激活、理解、管理以及转化能力。在百度提供的文心大模型基座基础上，团队探索了如何通过“目标—计划树”的方式使大模型遵循情绪聚焦疗法（EFT）理论，实现心理困境分析、心理疏导目标拆分、分阶段计划任务设置、疗法策略选择等，帮助用户聚焦自身情绪和身体感受，了解造成心理困扰的原发情绪，识别用户情绪的适应性与非适应性，澄清情绪背后的现实意义，了解内心的真实需求，最终离开非适应性情绪，更好地促进自身发展。

（四）数据要素

（1）数据来源

数据主要来自华东师范大学出版社，不存在未经授权或违反法律法规获取数据的情况。

（2）数据利用

为了增强教育能力，项目团队不仅基于教育领域书籍等构建了预训练数据，包含教材、题目、教学等多模态数据，达到 TB 级别规模，还针对检索增强型开放问答、情感支持、苏格拉底式引导教学和作文批改等场景，构建了用于微调的教育指令数据，形成具有国内教育特色的高质量、多样化、大规模的教育指令微调数据集。

（3）数据安全

EduChat 在数据安全方面采用本地服务器部署方式，所有教育数据均不上传云端，确保学生、教师和学校信息的安全性。系统通过数据隔离、权限控制、脱敏处理和加密传输等手段，有效防止数据泄露和非法访问，保障大模型在合法合规的前提下运行并服务教育场景。

（4）数据工作中存在的挑战

一是数据清洗成本较高。教育数据来源广泛、格式多样，且普遍存在缺失、噪声、非结构化等问题，清洗和标注过程复杂，需大量人力和技术投入，尤其是对教育专业知识的依赖，使得高质量数据集构建成为一项高成本、高耗时的工作。

二是过程数据获取成本较高。学习过程中产生的行为数据（如答题记录、互动轨迹等）对大模型训练至关重要，但采集设备要求高、学校数字化程度不一、家长隐私顾虑等因素，导致过程性数据获取难度大、覆盖范围有限，严重影响大模型个性化能力的提升。

（五）推广场景及项目规划

1. 推广场景

利用教育大模型提供私人 AI 助教，同时关注学生心理等问题，发展以人为本、有温度的智能教育。

私人 AI 助教：可以结合学生学习情况，提供个性化作业，同时通过引导的方式耐心解决学生问题。

学生心理过程监督和疏导：根据学生使用教育大模型学习的过程，实现对学生心理的监督和预警，同时在学生心理压力较大时可提供心理疏导的功能。

2. 项目规划

应针对人工智能时代对人才的素养需求，推动更符合中国教育国情的自主可控的教育基座模型和支撑系统的研制，赋能各教学场景的入校智能教育产品和社会实验。关注学生心理健康，关注符合智能教育伦理的测评规范和平台研发等，力争在国内率先实现智能教育变革破局。

四、浙江大学——“浙大先生”教育领域大模型应用解决方案

（一）案例概要

1. 项目基本情况

2024 年，浙江大学以“算力—数据—模型—平台—应用”一体化建设为思路，打造教育领域大模型应用体系解决方案——“浙大先生”，构建以通过

低代码方式实现智能体定制开发为核心能力的大模型应用开发平台与以智能对话问答为主要场景的智能助手广场门户，面向学校教学、科研、管理等多种场景提供智慧服务。“浙大先生”大模型应用界面如图 7-16、图 7-17、图 7-18 所示。

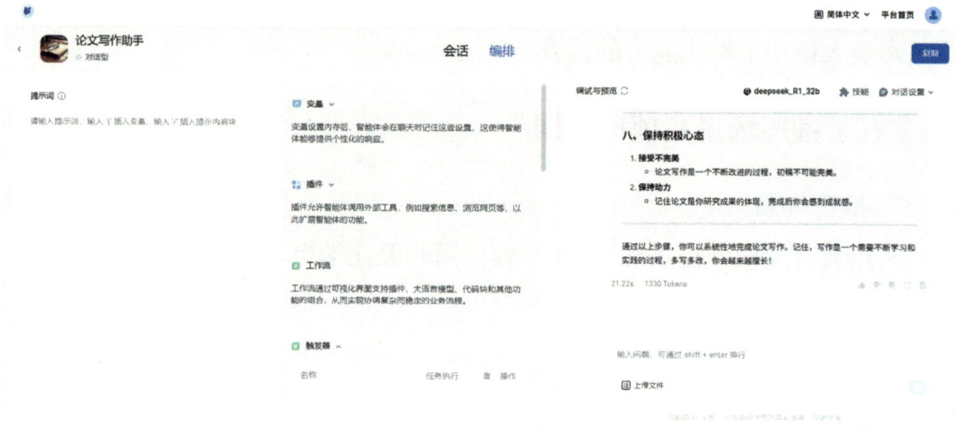

图 7-16　大模型应用开发平台

资料来源：界面截图。

图 7-17　智能助手广场门户 Web 端

资料来源：界面截图。

图 7-18　智能助手广场门户移动端

资料来源：界面截图。

本项目由浙江大学信息技术中心牵头，本科生院及相关院系等部门联合参与，浙江浙大网新图灵信息科技有限公司、北京火山引擎科技有限公司、杭州橙芯数链科技有限公司、杭州天慧蓝科技有限公司、正方软件股份有限公司、浙江华通云数据科技有限公司、杭州生芽教育科技有限公司等多家行业生态伙伴共同合作，旨在为高等教育精准教学、大规模因材施教和个性化学习提供更多发展动力。

2. 项目亮点

（1）资源高效整合

项目深度依托浙江大学专有云服务、“西湖之光”超大规模算力联盟，以及多领域、大体量的教育语料数据，破除了单个人工智能应用独立、分散建设的低效范式，促进了各类资源的高效整合以及深度协同运用。

（2）多模型兼容适配

项目在内置模型库的基础上，具备以 OpenAI 接口规范接入各类校内外大模型的能力，实现多类型、多尺寸模型适配，以支持具体教育场景下对大模型能力不同侧重点的实际需求。

（3）低代码开发门槛

项目以可视化方式实现智能体构建全过程低代码配置，支持简单场景应用 5 分钟构建，降低智能体定制化开发所面临的技术门槛，可解决高校内人工智能专业人才不足、专属应用开发难等问题。

（4）多方位能力增强

项目可通过提示词工程、知识库管理、第三方插件接入、工作流编排等功能，对智能体进行多方位能力增强，以支撑复杂业务场景的智能交互需求。

（5）生态开放与共享

项目构建开放共享的教育大模型应用体系生态，通过多方合作、多线并进的生态模式，构建了涵盖教学、科研、管理等领域的多个智能体应用，并以多端门户提供服务，同时支持师生共创与实训。

3. 项目特点

（1）创新性的开发模式与广泛的应用场景融合

项目拥有以低代码形式实现垂类智能体定制开发核心能力的大模型应用开发平台，支持高校师生共创，极大地提高了创新应用的可能性和效率。通过前端服务、后端开发的模式，项目构建了一个从开发到应用的闭环生态系统，方便了高校内部对教学、科研、管理等场景应用的持续拓展和优化。

（2）高度贴合高校业务需求的专业化服务

“浙大先生”在教学上根据学科特点开发智能教学辅助功能，推动学习模式从被动到互动的转变，提升教学质量。在科研领域，它结合学科团队需求，提供全过程的科研智能服务，支持科研创新。在管理方面，通过对现有信息化业务的人工智能化改造，促进高校服务的个性化、精细化、高效化。

（3）强大的技术支撑与持续的优化升级能力

项目采用模型、平台、应用分离的架构，支持了项目的轻量和快速部署，同时利用专有云和 GPU 资源的可扩展性，确保了在高校大规模并发访问时的稳定性和响应速度，满足各教育场景下高并发的负荷需求。此外，项目建立了用户反馈和数据监测体系，通过收集使用反馈和需求建议，深入理解用户使用习惯和需求趋势，可实现应用的持续改进和优化。

（二）技术架构

“浙大先生”项目依托现有算力、数据及模型能力，以生成式人工智能为核心，结合文字语音转换、语音识别等相关技术，构建大模型应用开发平台与智能助手广场门户两层架构体系。具体技术架构如图 7-19 所示。

算力与数据层：部署浙江大学专有云资源（高性能 RDMA 网络、高性能存储 CPFS、对象存储 OSS）以及“西湖之光”算力联盟下的高性能 GPU 服务器集群，为上层提供平台部署、模型训练和推理等服务；同时，采集、汇集、清洗各系统、各领域数据，构建语料知识库，注入大模型应用。

模型层：部署了观止、智海系列等校内自研大模型，并具备接入校外第三方大模型能力，如豆包、通义千问等，提供内容生成服务。部署包括 Embedding、TTS、ASR 在内的多个领域专家模型，以强化文本向量化、语音与文字识别转换等关键服务能力。

平台层：支持多类型、多尺寸模型的接入，提供不同场景下模型的多样化选择；支持智能提示词设置，加速智能体的构建过程；支持公共或自定义插件的接入，以实现智能体能力的有效扩展；通过工作流编排机制，处理复杂问题分解与推理；支持知识库构建，深化智能体对特定领域知识的理解。此外，可支持智能体的调试、评测与发布，确保智能体的高效运行与持续优化。

图 7-19 “浙大先生”技术架构

资料来源：作者自制。

服务层：以构建“网上浙大 2.0”五大空间（现代治理空间、教育教学空间、科研创新空间、学科发展空间、全球开放空间）为目标，以 API 接入方式集成各类智能体，并通过多端门户方式面向浙江大学全体师生提供智能助手广场服务。

（三）业务介绍

1. 业务对象

“浙大先生”目前已经构建高校教育领域多样化智能体应用，根据不同场景，服务于校园内不同用户群体与角色。业务对象包括但不限于以下 3 类。

本科生：提供教务咨询问答、课堂教学问答、外语互动教学等教育教学服务。

研究生：提供科学文献调研、课题研究辅助、学术论文撰写等科研辅助服务。

教师：提供科学研究辅助、智能化教学备课、便捷化校园办事等多样化服务。

2. 业务流程

“浙大先生”智能问答流程如图 7-20 所示。

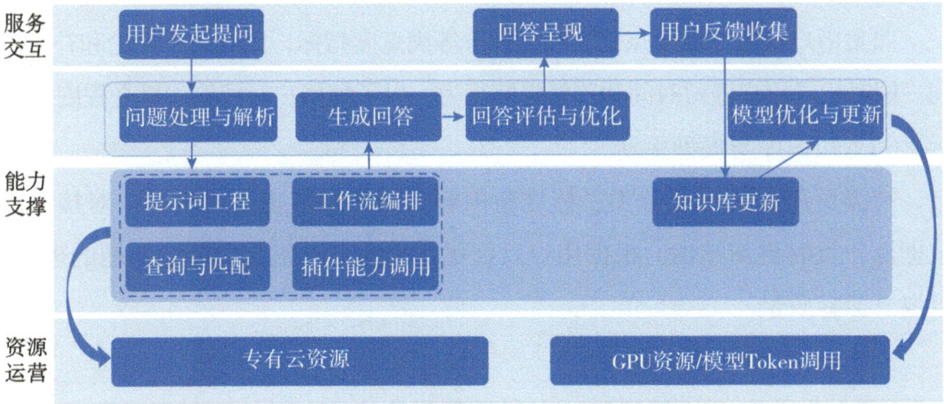

图 7-20 “浙大先生”智能问答流程

资料来源：作者自制。

（1）用户发起提问

用户通过多端服务入口，以文本输入、语音输入或选择预设问题等方式向智能体助手发起提问。

（2）问题处理与解析

智能体在接收到问题并完成内容预处理后，利用自然语言处理技术进行词法、句法、句义分析以及上下文分析。

（3）领域能力增强

智能体理解问题后，利用提示词、知识库、工作流和插件等多种策略，提升对问题的理解和处理能力，并提取关键信息返回。

（4）生成回答

基于高相关性的信息片段，利用大模型推理整合生成回答，并增强表述的逻辑性和连贯性。

（5）回答评估与优化

从回答内容的准确性、完整性和合理合规性等方面评估和优化生成的回答。

（6）回答呈现

在服务门户以文字形式展示优化后的回答，并支持语音播报回答。对于多轮对话，提供对话历史查看，以便用户回顾和理解。

（7）用户反馈收集

收集用户反馈，涵盖点赞、踩、评分等满意度指标，以及文字评论和补充提问。同时记录用户停留时间和重复提问行为，以了解用户对回答的接受程度。

（8）知识库与模型更新

持续更新知识库，分类、标注新内容，并定期清理过时信息。对接外部数据源，及时更新知识。根据用户反馈优化大模型，提高对特定问题的理解，以提升回答质量。

3. 典型应用场景举例

“浙大先生”支持不同领域智能体的快速构建，其应用场景涉及学校教学、教务、科研、管理等多领域场景的智能体应用。

（1）课堂问答助手

平台接入学校观止大模型，处理课堂资源资料，形成知识库，构建课堂问答助手。学生在课堂上可通过语音、文字输入或选择预设问题提问。智能体助手接收问题后，进行语音识别、文字清洗、语义理解等处理；然后根据问题所属课程，调用专业知识库和插件增强领域能力；接着生成回答，包括运用学科知识解释推理、提供例子辅助说明；之后进行回答评估与优化，确保准确性、清晰易懂；最后在“浙大先生”门户以多模态呈现回答。学生可用点赞等方式表达满意度，教师可评价补充。智能体还会收集用户反馈，将新问题和回答纳入知识库并更新，调整模型参数算法，引入新教学理念方法，更新回答策略风格以适应教学需求。

（2）科研助手

科研助手为学校科研工作者提供专属“AI 科学家”服务。科研工作者以语音、文字或上传数据文件方式输入需求。科研助手接收后，进行需求解析和任务分解，运用自然语言处理技术理解需求，将任务拆分为文献数据检索、数据分析等子任务；接着，根据需求调用相关领域专业知识库、数据库和模型插件增强能力；随后，按子任务执行，生成文献综述、数据分析报告等初步结果；之后进行准确性和可靠性评估，优化呈现方式并多维度分析结果；最后在“浙大先生”科研门户中，以多模态方式呈现结果。科研工作者可互动查看、追问和深度探索。智能体还会收集用户反馈，根据反馈进行调整、优化以满足定制化需求，并将新数据和结果整合到知识库，更新模型参数和算法，提升应对新问题的能力和精度。

（四）场景推广

1. 适用场景类型

（1）教育教学场景

在教育教学场景下，学生往往存在线下课堂学习效率低、线上课堂学习资源获取难等问题。“浙大先生”可基于课程多模态学习资料，构建教学智能体助手，帮助学生打破时间和空间的限制，随时随地以智能交互模式与数字教师进行知识问答、互动模拟测验和讨论等学习活动，从而获得个性化指导。

（2）科学研究场景

在科研工作场景中，研究者通常会在文献调研阶段投入大量的时间。此外，在深耕主要科研领域的过程中，其创新思维往往会受到一定程度的局限。

“浙大先生”可构建科研领域智能体，辅助文献调研，帮助研究者快速梳理和分析科研文献，提取关键信息和研究趋势；同时，它可通过对既有研究成果的深入分析，为研究者提供新颖独特的研究视角，推动学科间的交叉融合，催生出具有创新性的研究成果。

（3）校园治理场景

在校园治理场景下，相关服务通常因业务形态的不同而被分散在各个信息系统中，导致师生在高效获取各类服务方面面临挑战。“浙大先生”一方面可对原有基于搜索引擎的校园百事通进行改造，以智能问答方式提升服务的高效性；另一方面以第三方插件的形式接入业务系统的接口，整体提升各系统服务效能。

2. 项目支持条件

（1）业务支撑条件

项目的成功实施，首先需要明确具体业务需求和目标。其次需要业务方的积极参与和支持，包括提供必要的信息和资源、项目实施过程的全程参与，以确保项目团队能够及时获得效果反馈和业务指导，最终实现项目的成功交付。

（2）数据资源条件

在构建智能体过程中，数据资源的丰富性至关重要。丰富的数据可赋予智能体广泛的知识基础和学习能力。同时，必须将数据安全置于首要位置，确保数据采集、存储和处理符合严格安全标准，防止泄露和滥用，以保障用户隐私和系统稳定运行。

（3）算力资源条件

智能体的应用和服务依赖稳定且持续的模型推理算力资源。具体而言，部署在本地环境的模型需要 GPU 资源的稳定供给，以确保其正常运行；而调用第三方模型时，则需持续投入模型 Token 资源，以保障模型调用的顺畅进行。此外，处理复杂需求场景，如模型的训练或微调等操作，更加依赖高性能 GPU 算力资源的支持。

3. 场景的组织管理

为了保障项目能够稳步推进，“浙大先生”项目下大模型应用平台的开发由浙江大学信息技术中心牵头，并携手火山引擎提供全方位的技术支撑。在领域智能体构建方面，浙江大学信息技术中心联合了校内各部门共同推动，同时，业务相关的第三方系统厂商依托平台能力，负责智能体的开发、测试及部署工作，以确保智能体构建以需求为导向。

4. 相关建议

（1）深度融合高校业务流程

高校业务范畴涵盖教学、科研、管理及服务等诸多方面，在构建智能体时，务必深入探究并全方位融合相关业务流程。在教学领域，智能体需与课程规划、教学大纲拟定、教学成效评估等环节深度契合，且能够依据不同学科及专业的特质，给予个性化的教学辅助支撑。在科研方面，智能体应与项目选题、研究设计、数据采集处理、成果撰写与发表等多个环节紧密结合，提升科研效率和质量。在管理与服务范畴，如学生事务管理、后勤保障等方面，智能体要达成流程的自动化与优化，提升工作效率与服务品质。

（2）注重人机协作与持续培训

智能体虽具备强大的功能，但无法全然取代人类的智慧与判断力。在高校环境中，应着重关注人机协作，充分发挥教师、管理人员与智能体各自的优势。例如，在教学过程中，教师能够依据智能体提供的学生学习状况分析，开展具有针对性的教学设计与辅导；在管理环节，管理人员可结合智能体的数据分析成果以及自身的经验作出更为人性化的决策。同时，要针对高校的师生和工作人员进行持续性的培训，促使其了解智能体的功能与使用方法，增强其与智能体协作的能力与效率。

（3）强化数据安全与隐私保护

高校汇集了师生的海量个人信息、学术成果等敏感数据。在构建智能体的过程中，必须构建严谨的数据安全管控机制与隐私保护举措。运用加密技术对数据进行存储与传输，切实保障数据不被泄露。同时，要明晰数据的使用权限与范畴，唯有经过授权的人员方可访问与处理相关数据。此外，周期性开展数据安全审计与风险评估工作，及时察觉并化解潜在的安全隐患，全力保障高校数据的安全与隐私。

第八章 | “人工智能 + 职业教育”

一、北京电子科技职业学院——职业院校学生画像与学业预警

（一）案例概要

1. 项目基本情况

在职业教育数字化转型的大背景下，信息化、数字化成为学校治理能力和治理水平提升的新赛道。北京电子科技职业学院加强党对网信工作的全面领导，充分发挥网络安全和信息化工作领导小组对网信工作统一规划、管理协调和科学决策的作用，构建学校统筹规划、业务部门建系统、信息中心建平台的工作格局。

“十三五”期间，北京电子科技职业学院智慧校园建设在满足业务管理流程优化、为师生提供信息服务等方面取得了良好成绩。信息技术应用于各种场景，以学生学习、生活为核心，实现了招生、学籍管理、教学管理、“奖助贷”、“收发费”、心理健康、社团、消费、图书借阅等学生全生命周期主要业务信息化全覆盖，面向学生的“网上办”服务事项持续增多，“掌上办”特征显现。

“十四五”期间，北京电子科技职业学院围绕学生成长成才和人才培养质量提升，以目标和问题驱动应用，坚持“治用并进、以用促治”原则，从业务需求和数据价值出发，利用数据挖掘、人工智能等技术不断探索以数据引领创新、以数据促进改革、以数据推进治理的场景应用实践。

2. 项目亮点

（1）构建“1151”智慧校园架构，丰富跨部门应用场景

北京电子科技职业学院坚持“应用导向、融合创新、数据驱动”的智慧校园建设原则，从“分散建设”向“整体统筹”、从“传统课堂”向“智慧教学”、从“事务处理”向“数据驱动”转变，构建了“1151”智慧校园总体架构，即1套基础设施、1套智慧校园中台、5类业务场景应用和1套“一网通办”门户（见图8-1）。

北京电子科技职业学院汇聚流程引擎、表单服务、人像库、统一消息、全量人员管理、统一认证、报表服务、移动校园等公共支撑平台，建成具有低代码开发、多层次系统集成特性的智慧校园中台，构建能够支撑职业院校“建高升本”改革期业务需求不断变化的快速开发、不断迭代的公共服务模块技术架构，实现了模块、权限、流程、数据深度交互。北京电子科技职业学院能够自行开发出跨部门、跨系统、跨层级的业务协同联动应用，以服务开发代替部分信息系统建设，助力学校数字化转型。

（2）双向数据共享交换，为人工智能场景应用奠定基础

北京电子科技职业学院入选职业院校数字校园建设试点校，依据《全国职业教育智慧大脑院校中台高职数据标准及接口规范（试行）》《职业教育信息化标杆学校监测指标（高等职业教育版）》等文件，对校内数据资产进行盘点，基于数据应用和共享，建立数据资源目录的动态更新机制，全面掌握数据使用情况，落实数据分类管理分级保护的要求。该校将与学生相关的各方面数据采集、清洗、汇聚到学校中心数据库，根据学校数据管理规定，按照“统一标准，一数一源，分类共享，最小必要”原则，对全校已上线的业务系统进行双向数据共享交换，打通业务与数据上下游，以下游数据使用反向促进上游数据质量提升，支撑学校跨层级、跨系统、跨部门、跨业务的协同应用场景（见图8-2）。数据源覆盖Oracle、MySQL、PosgreSQL、SQL Server等结构化数据库和设备日志、照片等非结构化数据；梳理共享数据表377张、有数据的数据项3000余个、数据接口841个，数据存储量达339GB，数据共享交换量达4.81亿条。这些数据资产为人工智能场景应用提供了重要的数据支撑。

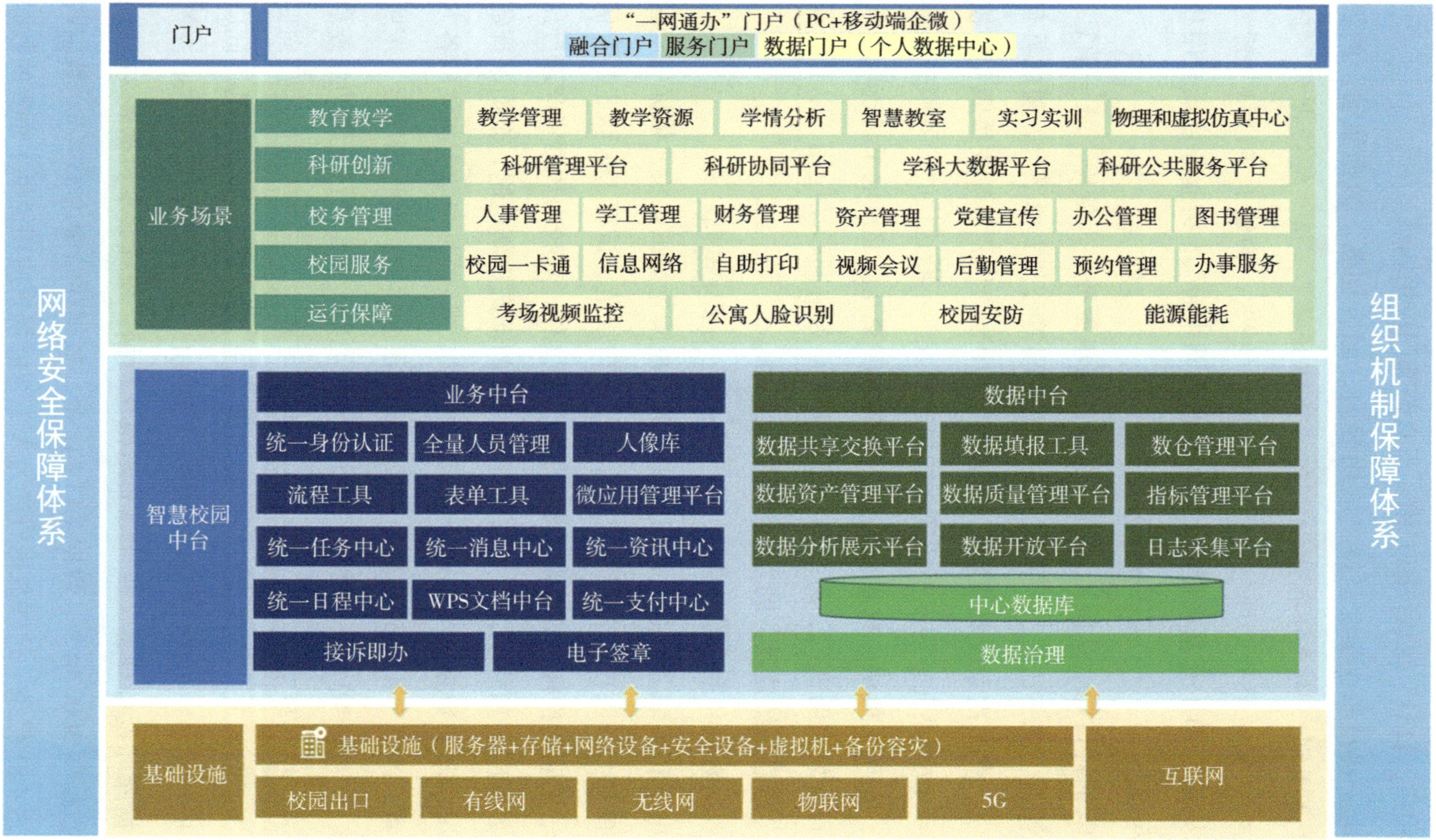

图 8-1 智慧校园架构

资料来源：作者自制。

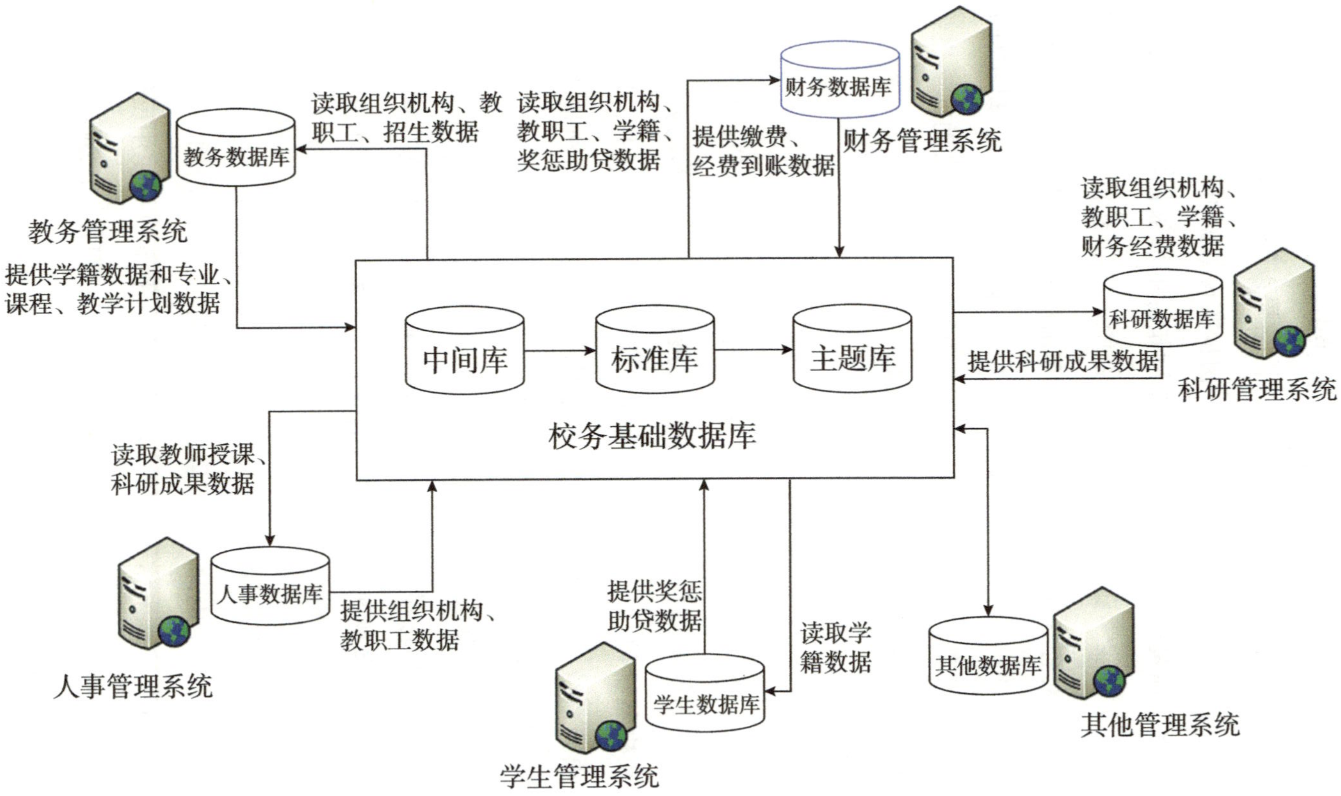

图 8-2 数据共享交换

资料来源：作者自制。

（3）构建学生五育画像，数据赋能学生管理智能化

北京电子科技职业学院在《“三全育人”实施方案》中提出，学生工作坚持德智体美劳五育并举。根据《学生德智体美劳综合评分办法》，学校设计了可量化的学生五育评价指标，并将指标评价结果以德智体美劳五个维度对学生进行可视化呈现，形成学生五育画像，初步实现数据可见、可得、可用。在五育画像量化指标基础上，学校基于多维度指标的横纵比数据分析，运用人工智能技术建立智能学业预警模型和预警系统，结合五育画像中学生各量化指标数据情况，对存在学业困难和心理认知困难的学生进行分级预警，并通过管理驾驶舱将数据情况呈现给校领导、学工部、二级学院、班主任 / 辅导员等学生工作管理者，建立起学校、学院、班级三级协同联动的学生学业帮扶体系，从而有效提升个性化学生帮扶质量。

3. 项目特点

（1）人工智能技术应用于教育管理的新尝试

尽管各类信息平台收集了学生各方面数据，但是数据价值的挖掘有限，简单的数据查询不能有效满足学生高质量发展和个性化培养的要求。学校将数据挖掘和机器学习技术应用到学生学习生活各类数据集中，构建学业预警模型和预警系统，利用高效的数据处理能力和智能化分析能力提高数据汇聚和数据分析效率，挖掘数据隐藏的价值。

（2）经验决策向数据决策的新转变

学校将学生各类指标量化，并归纳出能展现学生行为特点的学生特征指标，帮助学校全面、客观评价学生的综合素质，为学生管理工作决策提供相应的数据支撑。

（3）数据治理能力的新提升

学校实现了对学生全生命周期管理全过程数据的“采汇治用”。学生在校学习生活数据大量沉淀，丰富了学校中心数据库。下游数据使用反促上游数据质量提升，数据充分利用并可视化呈现，赋能学生管理工作实践。

（4）学生管理工作智能化和个性化的全闭环

学校利用人工智能技术赋能学生管理工作，构建预警模型有效提升了学

生分类管理和个性化服务能力，学生帮扶体系将持续完善学业困难学生从被关注到脱困全过程，有效提升人才培养质量。

（二）技术架构

智能学业预警架构从下到上分为数据感知层、数据采集与处理层、数据建模与预测层、数据服务层和数据展示层（见图 8–3）。

（1）数据感知层

对教务系统、实习实践系统、第二课堂活动系统、一卡通系统、图书馆系统数据进行数据确权。学生基本信息数据、成绩数据、实习实践数据、第二课堂数据、消费数据、图书馆数据是整个系统的底层数据支撑。

（2）数据采集与处理层

运用 ETL 等工具完成各系统数据采集，采集的数据存在数据不一致、缺失值等问题，需对采集的数据进行预处理，包括数据清洗、数据转换、数据归约等操作。数据预处理后将数据存储在学校中心数据库。

（3）数据建模与预测层

根据获得数据的结构和性质，选择合适的机器学习算法对数据进行挖掘，构建学生学业预警数据模型。构建模型是一个反复的过程，需要不断对模型进行训练和分析，并依据训练结果对模型进行优化或重构。

（4）数据服务层

建模后，需要对模型进行解释与评价，学校根据授权将模型分析结果呈现给用户，应用于学生管理工作各实际场景。根据学生五育量化指标，北京电子科技职业学院面向学生呈现个人数据画像；根据提取的学生行为特征，刻画学生群体画像；根据学业预警模型，划分预警级别，并实现预警信息推送；支持对学生各类数据的信息查询。

（5）数据展示层

通过个人数据中心、管理驾驶舱两个系统平台面向学生、班主任 / 辅导员、各二级学院、学工部 / 教务处、校领导等不同群体呈现数据分析结果，支持 PC 端和移动端访问，预警消息提醒通过实时微信企业号推送。

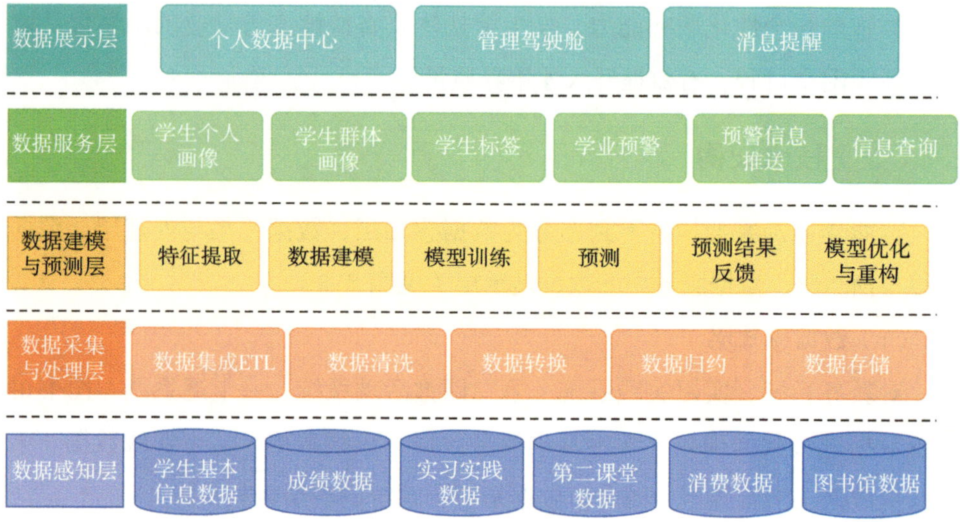

图 8-3　智能学业预警系统架构

资料来源：作者自制。

（三）业务介绍

1. 业务对象

智能学业预警系统面向校内师生提供服务，主要包括以下几类角色。

学生：智能学业预警系统中的学生指有学籍且在校的学生。

班主任 / 辅导员：呈现本人所管理班级学生的数据情况，根据预警级别对学业困难学生建立电子帮扶档案。

各二级学院书记 / 副书记：管理和查看本学院学生情况，对不同预警级别学生进行分类关注和管理。

学工部 / 教务处：全面掌握全校学生画像，对预警学生进行重点关注，评估优秀学生与预警学生的指标差异，制定学生学业帮扶等制度，对学生管理工作提出合理建议。

校领导：全面了解全校学生总体情况及不同学生群体对比情况，对学工部和教务处提出的建议多方讨论，形成校级政策或文件，从体制机制方面加以改进，提升人才培养质量。

2. 业务流程

学业预警工作流程包括：①学生日常行为在各系统记录，形成原始数据。②学生画像呈现学生行为结果和分级预警结果。③根据预警结果对学生分类关注和管理。④制定困难学生学业帮扶制度，提出学生管理工作优化建议。⑤形成校级政策文件，从体制机制对学生管理工作进行改进（见图 8–4）。

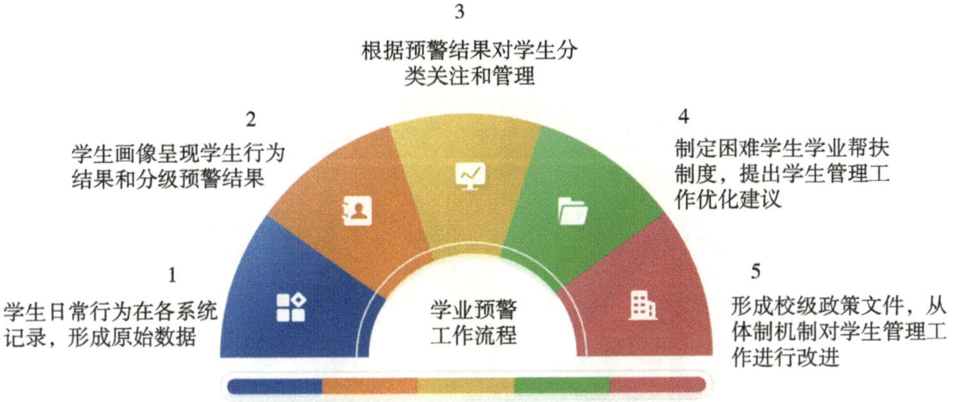

图 8–4　学业预警工作流程

资料来源：作者自制。

3. 预警机制

预警机制流程包括以下 5 个步骤（见图 8–5）。

学生行为：学生日常行为活动在各系统内产生业务数据，如学期成绩、实习实践活动、第二课堂活动、日常消费、图书借阅等。这些数据是作为特征提取的关键基础数据。

数据采集：梳理各数据源数据，利用 ETL 工具将各系统数据采集至学校中心数据库。

数据预处理：处理缺失数据以提高数据完整性，对数据指标转换以更有利于数据分析，对数据进行标准化和归约化处理。

数据分析：利用 Pearson 系数、K–means 聚类等算法模型，形成各类学生标签，学业预警模型产生预警结果，根据分值对结果进行分类。

数据结果可视化：以学生画像和预警结果形式呈现，既有各量化指标数据，又有聚类形成的学生标签，根据预测分值区间呈现预警结果，根据不同预警结果对学生进行个性化指导。

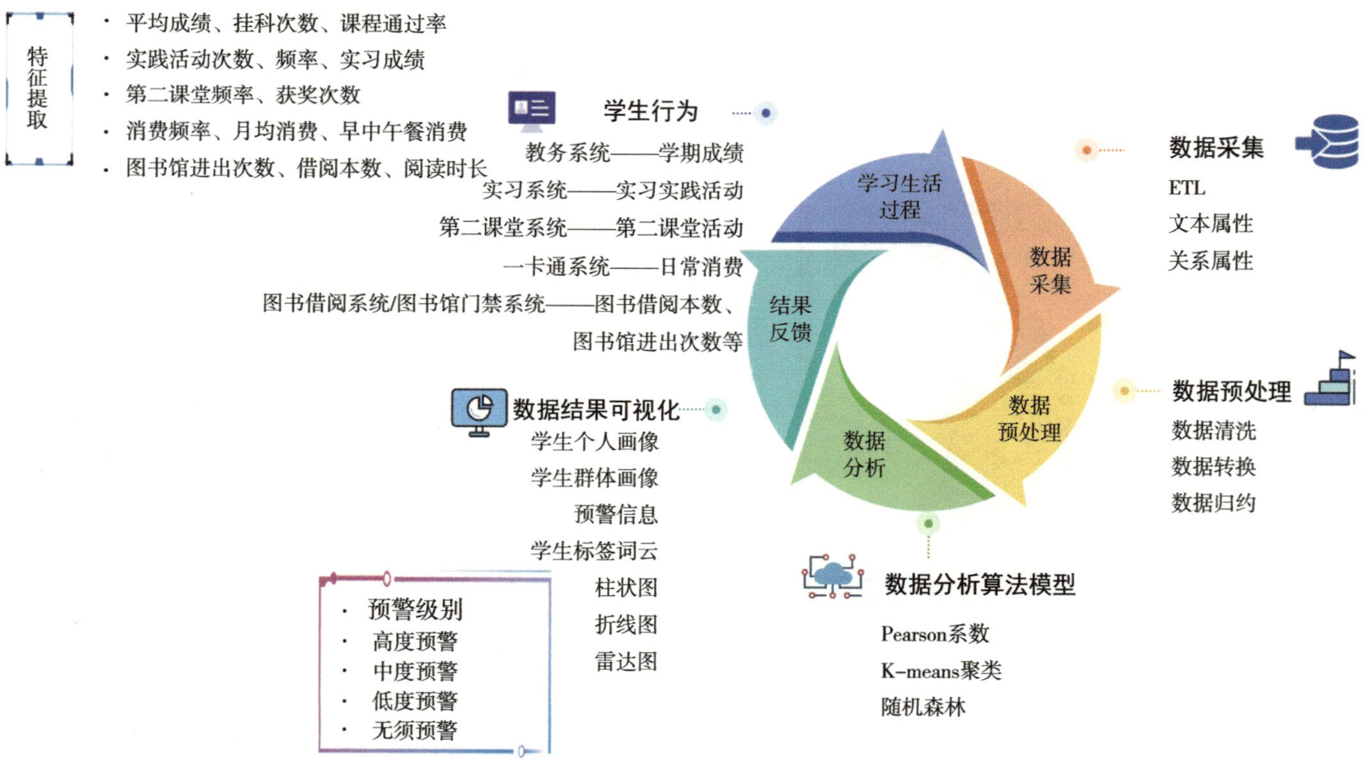

图 8-5　预警机制流程

资料来源：作者自制。

4. 典型应用场景

（1）低代码微应用开发取代系统建设，推动业务全面数字化

学校虽建有招生系统、教务管理系统、宿舍管理系统等学生业务管理系统，但是仍有部分业务未能完全覆盖，或者是现有业务需求发生变化，系统不能完全满足需求。这种情况下，如果采用新建系统或者对原有系统大规模升级改造，周期长、成本高，不能及时满足业务部门不断发展的需求变化。北京电子科技职业学院通过智慧校园中台的低代码开发和多层次集成能力，建设了综合服务平台，快速构建了社团管理、学生赛事、产学合作、第二课堂活动等业务管理模块，业务日常管理过程中及时维护更新系统数据，确保业务管理的时效性和数据的准确性、完整性和及时性，实现数据驱动推进业务管理全面数字化（见图 8–6）。

图 8-6　低代码微应用开发

资料来源：界面截图。

（2）构建智慧教学环境，数据赋能课程教学改革多元化

北京电子科技职业学院构建智慧教室、智慧教学平台、虚拟仿真实训中心“三位一体”智慧教学环境，整合在线课堂教学和教学资源管理等功能，融合“一平三端”（教学平台，教室端、学生端、管理端），打造承载“在线课堂 + 教学资源 + 数据采集与分析”的智慧教学系统（见图 8–7）。对“线上 + 线下”教学全过程数据进行及时采集、云端分析处理和即时结果反馈，利用智慧教室画面捕捉，智能化分析课堂抬头率、学生参与度等指标，实现课前、课中、课后教学全过程融会贯通，形成完整线上线下教学及运行管理的生态体系。

图 8-7　智慧教学环境

资料来源：北京电子科技职业学院。

（3）学生五育画像可视化，数据赋能学生管理科学化

根据五育画像指标体系，北京电子科技职业学院将学生各类指标数据量化呈现，面向学生呈现基本信息、课程学习、实习实践活动、赛事活动、社团活动、奖助贷等 40 余项数据指标。将指标进行聚类分析，生成学生标签，挖掘出“五边形战士”和学业困难学生，并分析指标对比情况，以雷达图、词云图等方式面向学生本人、班主任 / 辅导员、二级学院、学工部、校领导等不同角色用户呈现，学校数据治理能力进一步提升（见图 8-8）。

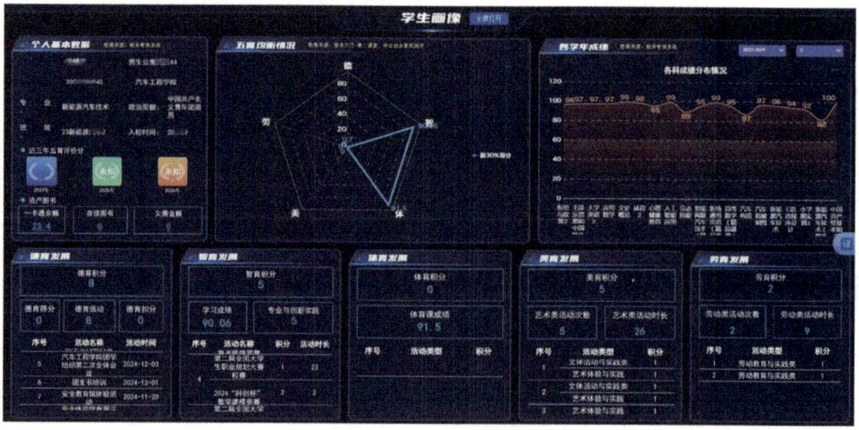

图 8-8　学生画像

资料来源：北京电子科技职业学院。

（四）数据要素

1. 五育画像指标体系

学生五育画像指标由一级指标、二级指标构成。一级指标由德、智、体、美、劳五个指标构成，计算方式为：总积分 = 德育积分（D）×30% + 智育积分（Z）×40% + 体育积分（T）×10% + 美育积分（M）×10% + 劳动教育积分（L）×10%。每个一级指标又分别由多个二级指标构成，包含基础性指标、进阶性指标、奖励性指标和惩罚性指标。一级指标 = 基础性指标 $\times v_1$+ 进阶性指标 $\times v_2$+ 奖励性指标 $\times v_3$– 惩罚性指标 $\times v_4$，其中 v_1、v_2、v_3、v_4 是根据学校学生五育综合素质文件中定义的指标系数。基础性指标、进阶性指标、奖励性指标、惩罚性指标由学生培养过程中一系列观测指标组成，每个指标量化。

2. 智能化深度挖掘

特征提取是本项目数据实施中的一个重点。衡量特征与特征之间相关性的常用方法有 Pearson 相关系数法和 Kendall 秩相关系数法。Pearson 相关系数法适合连续数据与连续数据之间的相关性分析，Kendall 秩相关系数法适用于一组连续数据与一组分类数据之间的相关性分析。因此，本项目采用 Pearson 相关系数法找到不同课程之间的相关程度，根据实验数据，设定相关系数 r。当 $|r| \geqslant 0.8$ 时，高度相关；当 $0.5 \leqslant |r|<0.8$ 时，显著相关；当 $0.3 \leqslant |r|<0.5$ 时，相关性较低；当 $|r|<0.3$ 时，不存在相关关系。比如“网络数据库安全技术”这门课程与人工智能产品应用开发设计有显著的相关性，而与摄影摄像技术不存在相关关系。使用 Kendall 秩相关系数法找到各类数据指标与能否毕业之间的相关关系：当 $|r|$ 越趋近于 1，说明两个特征之间的相关性越强；当 $|r|$ 越趋近于 0，说明两个特征之间的相关性越弱。实验数据表明，平均成绩、累计挂科学分与能否顺利毕业之间均有较强的相关性，而月消费频率、月消费额与能否毕业之间的相关关系较弱，可忽略不计。

为验证模型的准确性与实际情况的符合度，本项目首先以 2023 级已毕业的集成电路学院大数据技术与应用专业学生为实验对象，选取 Kendall 秩相关系数大于 0.5 的 7 个指标，即平均成绩、平均绩点、累计挂科学分、课程通过率、实习实践成绩、图书馆出入次数、学习时长作为实验数据集，分别使用随机森林和支持向量机两种机器学习分类模型进行训练和预测，实验结果表明，支持向量机算法在准确率、精确率、召回率方面都略胜一筹。

3. 智能预警结果分级

根据学业预警模型预测出的学业成绩结果，划分预警级别。当分数 <60 分时，高度预警，由班主任 / 辅导员与学生家长联系，建立一对一帮扶沟通机制；当 60 分 ≤ 分数 <70 分时，中度预警，由班主任 / 辅导员对学生本人进行思想教育，并为其寻找学习帮扶伙伴；当 70 分 ≤ 分数 <80 分时，低度预警，班主任 / 辅导员口头提醒学生；当分数 ≥ 80 时，不需要预警。班主任 / 辅导员为每个预警学生建立电子帮扶档案，全面记录和跟踪帮扶过程。

（五）场景推广

1. 适用场景类型

学生全生命周期业务实现全面信息化，并已经积累大量数据。对于无系统覆盖但是有业务需求和数据分析需求的工作，能利用低代码平台自主快速搭建应用，满足数据采集和业务管理的需要。

全面落实“一数一源”，有较完整的学生数据资产目录，并实现上下游数据共享，数据质量相对较高，能支撑复杂的数据分析逻辑。

针对学生管理工作有明确的管理规定，规范学生在校期间行为，对学生学习、第二课堂、赛事活动等有较清晰的奖励政策，对学业困难学生有帮扶指导管理政策。

2. 项目支持条件

学校加强党对网信工作的全面领导，充分发挥网络安全和信息化工作领导小组对网信工作统一规划、管理协调和科学决策的作用，制定了“十四五”信息化规划，构建学校统筹规划、业务部门建系统、信息中心建平台的大信息化工作格局，以政策驱动和制度规范推进学校教育数字化转型工作，构建“共建、共享、共治”的数据治理体系。

学校制定并发布《第二课堂学分管理办法》等文件，形成“制定管理制度—业务信息化—数据可视化—数据反哺业务改进—管理优化和改革”的全流程闭环。

依据学校数据管理规定，明确数据共享责任。数据生产单位根据学校对其业务职责划分向学校中心数据库提供相应的数据，并负责做好数据质量和更新维护等工作；数据使用单位依据工作需要申请共享数据，负责监督并反馈共享数据质量。信息中心全面掌握学校数据资产，各类数据上下游共享，数据质量相对较高。

聚类特征提取、预警级别区间分值由教务处、学工部、全学院师生多方参与讨论，特征提取指标和指标权重根据学校实际情况定义。

3. 相关建议

一是技术部门与业务部门协同，各司其职。信息化工作是一盘棋，需要学校统筹规划，做好体制机制建设和资金保障，技术部门与业务部门各司其职，明确各方工作职责，发挥各单位在业务、数据、技术、领导、管理层面的优势，整合组织资源、业务资源、数据资源，齐心协力共同推进。

二是挖掘有价值的业务和数据。坚持应用驱动、服务至上，坚持以问题为导向、以应用为核心，根植本校“土壤”，理解本校文化、痛点、堵点，从学校发展、教学科研、人才培养、社会服务等需求出发，挖掘有价值的业务和数据，提高教育管理服务水平和人才培养质量，提升师生信息化服务获得感。

二、深圳职业技术大学——人工智能通识教育课程助力人工智能素养提升

（一）案例概要

1. 项目基本情况

深圳职业技术大学开设全校性人工智能通识课程“人工智能应用”，该课程立足“知识—思维—实践”目标，遵循人工智能知识结构和学生需求，构建分层分类内容框架，搭建虚实结合的智慧教学平台，实现个性化教学。课程特色鲜明，效果显著，提升了学生的实践能力与创新能力，为高职院校人工智能通识课程建设提供参考。

2. 项目亮点

（1）融通专业和职业岗位需求，实现人工智能赋能专业课程

学校利用 Power BI 和 EasyDL 等零门槛 AI 开发平台，完成了人工智能应用场景的构建，让学生直观感受到常见的人工智能技术的应用，培养学生思考和实践如何利用人工智能的手段完成本专业的复杂任务，达到培养学生人工智能应用能力的目标。

（2）开发硬件教具，独创虚拟仿真组件，兼顾开发环境职业性与趣味性，形成程序设计教学新模式

非计算机专业学生学习程序设计时因案例缺趣味性和实用性而常感乏味，深圳职业技术大学独创硬件教具和三维虚拟仿真组件（见图 8–9），让学生在实际环境中编写 Python 代码。这既保证开发环境职业性，又增强案例开放性，让学生在玩乐中学习，提升兴趣，形成新教学模式。

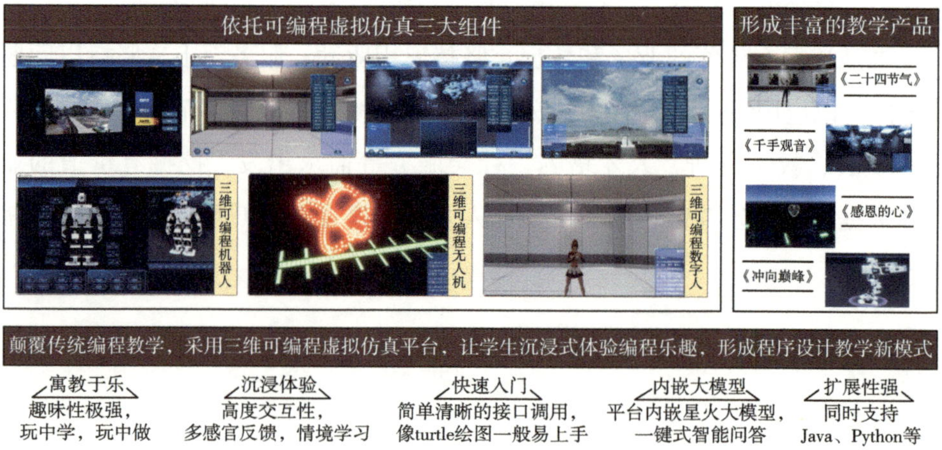

图 8–9　硬件教具和三维虚拟仿真组件

资料来源：深圳职业技术大学。

（3）运用大模型工具，拓展课堂边界，构建新型 AI 助教

为提升学生能力，三维虚拟仿真组件平台内嵌讯飞星火大模型，让学生可随时使用 AI 助教系统答疑解惑（见图 8–10）。在课程设计中应用此工具，能有效提升学生的信息素养，并极大扩充课程设计覆盖的知识和技能范围。

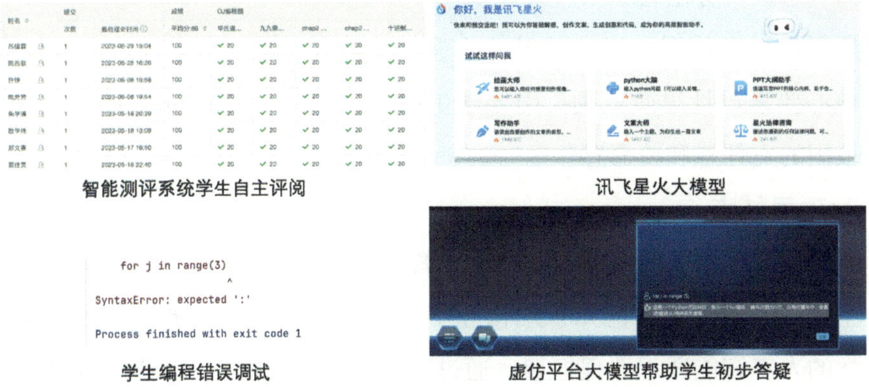

图 8-10　AI 助教系统

资料来源：界面截屏。

（4）项目化教学内容

所有项目均按照项目化体例进行编写，通过循序渐进的递进式任务设计，支持因材施教（见图 8-11）。这种教学模式不仅提高了学生的学习兴趣和积极性，还有效锻炼了其团队协作能力和项目管理能力。

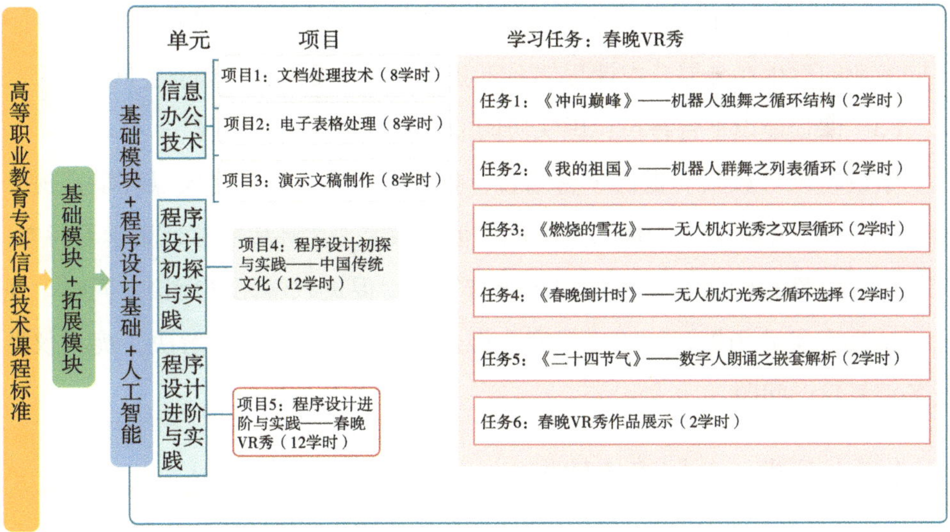

图 8-11　项目化教学内容

资料来源：作者自制。

（5）思政贯穿全程

课程设计在传授知识的同时，注重思政教育的融入。学校通过围绕人工智能核心要素设计思政案例，引导学生树立正确的价值观和人生观，培养其科技报国的责任感和使命感。

3. 项目特点

（1）课程建设机制特色：基于人工智能知识结构的学生个性化课程体系

本项目基于人工智能知识结构和学生个性化需求，构建了分层递进、分类教学的人工智能通识课程框架。通过“分层”和“分类”，满足不同学生的专业及岗位要求。课程内容涵盖基础、核心技术和应用，面向多类学生群体，体现通识性。学生可根据需求达到适应、应用或领导等不同层面，形成立体化课程体系，服务于学生专业发展。

（2）课程建设模式特色：层层递进的项目化教学模式

项目式教学将知识点项目化，通过实践和案例分析，帮助学生理解理论知识及应用场景，提升解决问题的能力。项目划分为层层递进的任务，“项目描述”和“项目分析”启发思考，“项目实现”引导解决问题，“项目剖析”“项目拓展”和“项目总结”鼓励创新实践。此模式确保不同知识水平、不同专业的学生在分层分类课程体系下获得足够学习深度和创新空间。

（3）课程建设平台特色：虚实协同的交互式数字孪生环境

学校将硬件教具与虚仿平台结合，打造可视化人工智能实操环境，提升学生理解和应用能力，领悟人工智能价值。数字孪生环境能够延拓学习时空，支持高效个性化学习，实现远程指导与答疑，促进教学无缝衔接。同时，通过模拟真实实验场景，能够确保安全操作，避免资源浪费，解决了庞大仪器设备重复建设问题。

（二）分类、分层整体架构

1. 课程体系架构

本项目以“四性一度”构建“一核、四类、多层”课程体系，课程内容围绕“AI 应用”，兼顾通识与技能，选取典型应用案例，旨在促进从“学 AI”到“用 AI”的转变。课程旨在培养学生人工智能素养，包括信息处理能力、计算思维能力、数据可视化能力、数据分析能力及 AI 应用能力，以满足不同职业需求（见图 8–12）。

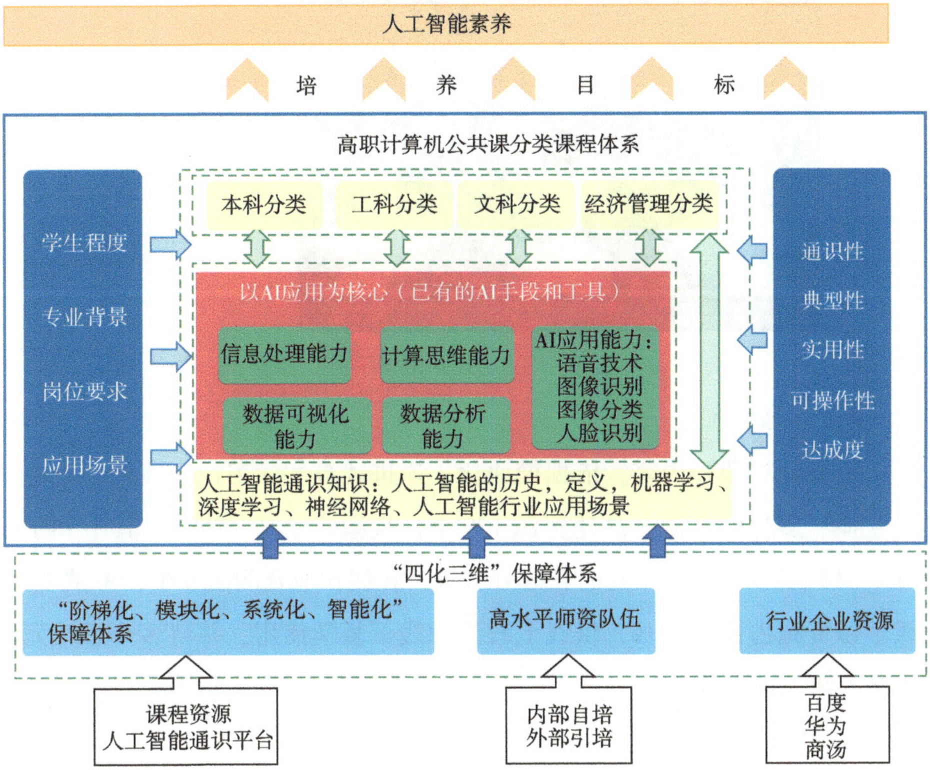

图 8–12　课程体系架构

资料来源：作者自制。

2. 系统技术架构

本项目主要依托国家职业教育智慧教育平台构建技术架构，并与企业共同研发系统化、智能化的人工智能通识平台和在线考试系统，实施线上线下混合式教学，形成“练—讲—析—做—测”的微观教学模式。具体技术架构包括以下几个方面。

（1）在线课程资源平台

本项目已搭建一体化教学平台 1 个（见图 8–13），建设电子信息国家资源库子课程 1 门、慕课 2 门、小规模限制性在线课程 2 门，还创建了交互式课件库和系列微课库。这些课件与微课成果先后获得第十五届全国多媒体课件大赛微课组三等奖 1 项、第二十届全国教育教学信息化交流展示活动二等奖 1 项和三等奖 1 项。

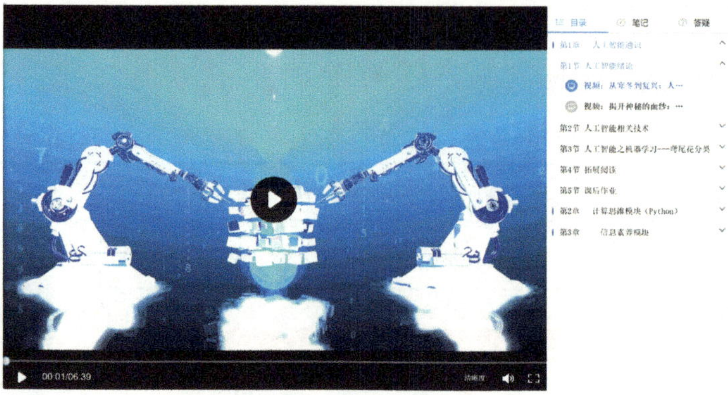

图 8-13　一体化教学平台

资料来源：界面截图。

本项目针对课程内容，依据模块化、递进式自主学习内容体系，自主开发了立体、多样的资源，共建资源 159 个，视频、动画 103 个，其中 PPT 类 17 个、文档类 9 个，视频总时长 670 分钟，在线作业及测试 6 个，考试 1 个，在线学习资源占比为 95%，供线上教学和线下教学使用，并将多个思政元素有机融入知识点的教学中。

（2）智能评阅系统

本项目开发了计算思维自主评阅系统，实现了智能自主评阅和判分，并记录结果至一体化教学平台。系统还能快速给作业和试卷评分，提供个性化学习建议，实现高效反馈与指导（见图 8-14）。

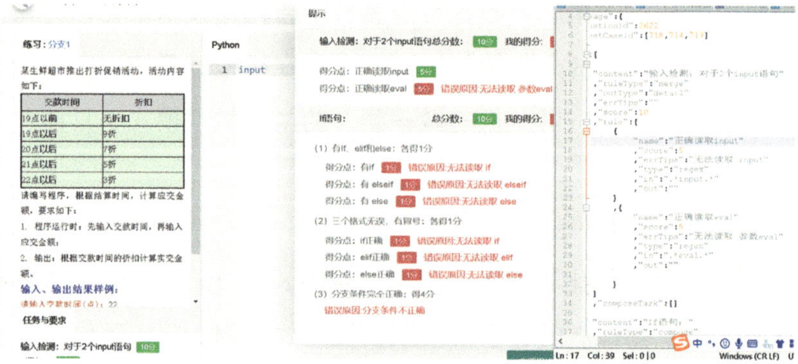

图 8-14　计算思维自主评阅系统

资料来源：界面截图。

（3）在线考试系统

本项目开发的在线考试系统涵盖期末考试的题库管理、系统组卷和考试管理等功能，实现了考试的标准化和自动化（见图 8-15）。

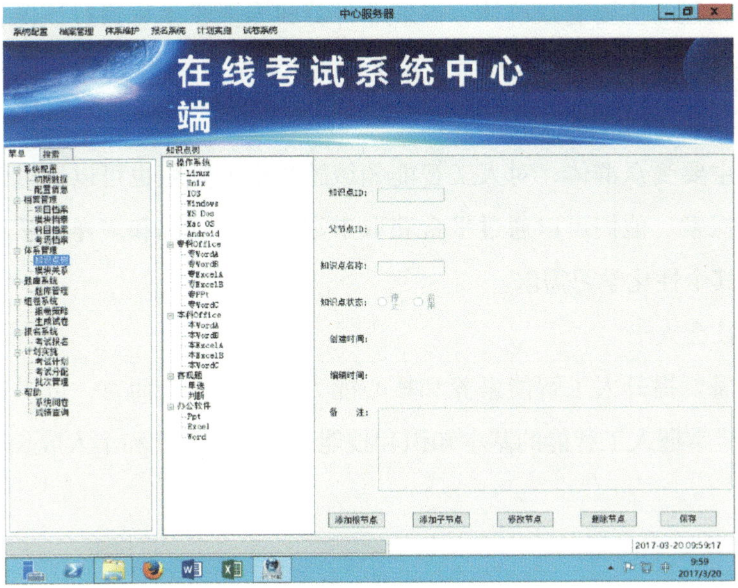

图 8-15　在线考试系统

资料来源：界面截图。

（4）三维虚拟仿真组件

利用三维建模和虚拟仿真技术构建虚拟环境（见图 8-16）。组件支持多种编程语言和自定义功能，满足不同层次学生需求。

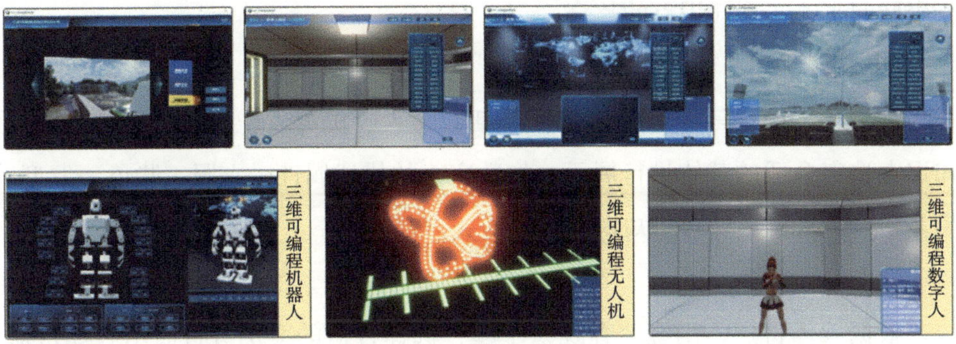

图 8-16　可编程虚拟仿真环境

资料来源：深圳职业技术大学。

（三）教学实施

1. 面向对象

（1）高职非计算机专业学生

作为课程的主要受众群体，高职非计算机专业学生可通过该课程学习人工智能相关知识和技能，提升综合素质和就业竞争力。

（2）对人工智能感兴趣的师生

除了主要受众群体，对人工智能领域感兴趣的师生也可以通过该课程进行学习和探索。他们可以通过平台获取丰富的课程资源和多样的学习支持服务，满足其个性化学习需求。

（3）社会人士

对于需要提升人工智能素养和核心能力的社会人士而言，可以通过在线学习的方式掌握人工智能的基本知识和技能，为职业发展和个人成长奠定坚实基础。

2. 教学实施过程

（1）孪生环境，以虚助实，打造趣味课堂

“程序设计进阶与实践——春晚 VR 秀”的整个教学实施过程按照四条主线开展（见图 8–17）。

①项目知识线。

本项目根据程序进阶与实践项目要求的知识点（循环、选择、字典、列表、嵌套结构），按照由易到难的程度进行分解，使用循环结构将零散的知识点串联起来，实现知识点的整合。

②虚仿载体线。

本课程自研的三维可编程组件包括数字人、机器人、无人机组件。根据知识点选定合适的载体进行展示，如数字人的描述属性（衣服、肤色、发型）最多，适合讲解循环解析知识点。

③春晚任务线。

根据载体特点，围绕“春晚”主题，选择合适的案例进行展示。如机器人适合跳舞，因此选择春晚节目《冲向巅峰》机器人伴舞案例。

④思政线。

根据案例的实施过程，挖掘背后的思政元素。如通过“二十四节气”案例，培养学生的文化认同感。在作品展示环节，学生通过自主选题，展示了“千手观音”“感恩的心”“我爱你中国”等案例，推动学生之间相互启发。

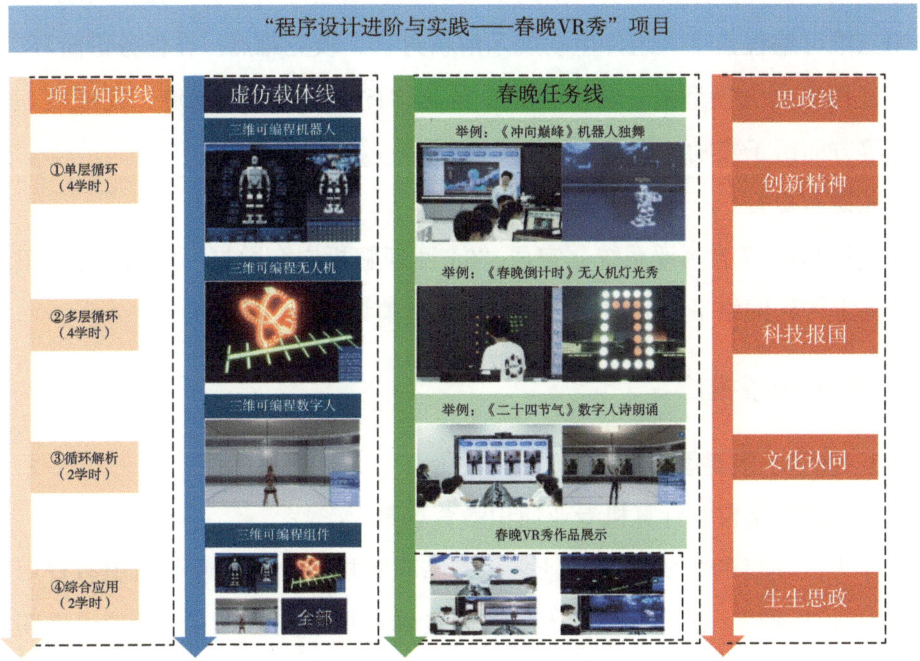

图 8-17 “程序设计进阶与实践——春晚 VR 秀”整体实施过程

资料来源：作者自制。

（2）翻转课堂，“四环 + 六步”全过程，有效突破难点

以“二十四节气”单次课的实施过程来说明“四环 + 六步”的全过程。

①课前预习。

观看微课预习新知识，通过科普数字人应用培养学生的创新精神，完成课前思政。布置“设计节气数字人形象”课前任务，达到熟悉数字人接口的调用目的。

②教学调整。

通过查看学生“设计数字人形象”课前任务完成情况，发现大部分学生没有设计数字人动作，因此新增“学习标兵分享”环节，展示优秀作品。

③课中导学。

在回顾引入环节，学生回顾并完善“设计节气数字人形象”课前作品，通过“标兵分享”引出《二十四节气》诗朗诵，培养文化传承精神。在新知讲解环节，针对“for 循环解析嵌套数据”布置三步练习策略，并通过游戏增加趣味性。在任务分析环节，采用引导式教学法进行教学。在任务实现环节，利用三维可编程数字人组件生动展示解析过程，攻克难点。在任务进阶环节，学生使用星火大模型提升数字素养。在总结评价环节，从速度、完成度、创新度等方面给予奖励，最终完成课堂教学。

④课后提升。

利用自研智能测评系统，完成“for 循环解析嵌套数据”。学生将分组进阶作品上传到网络平台，根据播放量计入增值评价。

（四）场景推广

1. 适用场景类型

（1）高职院校非计算机专业通识教育场景

作为该项目的主要应用场景之一，高职院校非计算机专业通识教育可以通过引入该课程，提升学生的人工智能素养和核心能力，为学生的未来职业发展奠定坚实基础。

（2）计算思维训练的教育场景

高职院校可以依托开发的三维可编程虚拟仿真平台，激发学生计算思维能力，提升学生实际开发能力；通过大模型的加持，提升各专业学生解决实际问题的能力。

（3）其他教育场景

除了高职院校非计算机专业通识教育场景，其他需要提升人工智能素养和核心能力的教育场景，如本科院校相关专业选修课程、社会培训机构的人工智能培训课程等，也可以引入该课程以满足不同学习者的需求。

2. 场景的组织管理

（1）课程设置与管理

学校或学院负责课程的开设、管理和优化工作，包括制订课程计划、安排教学进度、组织考试和评估等，确保课程教学的有序进行和质量保障。

（2）师资培训与管理

学校对教师团队进行定期培训和考核，确保其具备教授该课程的能力和素质，并不断更新教师的知识结构，提升教师的教学水平。建立有效的激励机制和约束机制激发教师的工作积极性和创造力，规范教师的教学行为，提高教师的教学质量。

（3）学生学习管理

学校为学生提供在线学习指导和支持服务，包括解答学生疑问、提供学习资料、组织学习讨论等，满足学生的学习需求，并提高其学习效果；建立有效的学习监督机制和考核机制，督促学生按时完成学习任务，提高学生的学习自律性。

3. 相关建议

（1）加强校企合作

进一步深化与人工智能企业的合作，引入更多先进技术和案例资源等，丰富课程内容，提升教学质量。通过校企合作等方式共同开展科研项目和人才培养等工作，促进产学研用深度融合和协同发展。

（2）优化教学资源

持续更新和优化在线课程资源和虚拟仿真组件等，提升教学的互动性和趣味性，满足不同层次学生的需求。引入更多优质的教学资源和工具，如在线实验平台、虚拟实验室等，丰富学生的学习体验，提高学生的实践能力。

（3）强化实践教学

增加实践教学内容的比重，提供更多实训机会和平台，让学生在实际操作中掌握知识和技能，提升学生解决实际问题的能力。通过组织和参加各类竞赛、实习实训等活动，激发学生的学习兴趣和创造力，以拓展学生的视野。

（4）完善评价体系

构建更加全面和科学的评价体系，注重过程评价和综合能力评价。引入项目展示、团队协作评价、创新能力评价等多种评价方式，全面评估学生的学习成果和综合素质。

第九章 “人工智能 + 基础教育”

一、巧智绘——AI 云平台赋能学前教育助力园所提升数智化水平[①]

（一）案例概要

1. 项目基本情况

杭州市高新区（滨江）教育局围绕“建设‘教育硅谷’品牌，打造‘硅谷教育’样板”两条主线，大力推进数智赋能专项行动，制定出台《杭州高新区（滨江）数字教育高质量发展行动方案（2024—2027）》，推动教育事业高质量发展。AI 学前智慧云平台由杭州市高新区教育局、浙江大学滨江研究院牵头，巧智绘科技（浙江）有限公司（简称巧智绘）负责建设，旨在响应滨江区政策需求，共同为滨江区学前教育提质赋能。

巧智绘 AI 学前智慧云平台深入研究幼儿在园生活场景，依照《3—6 岁儿童学习与发展指南》梳理园所数字化发展需求，将人工智能与儿童发展进行深度融合，为园所构建智慧游戏、智慧呵护、智慧健康、智慧共育、智慧评价、智慧宣传、智慧管理、智慧生活八大场景，以“精准采集、数据驱动、科学建模、AI 赋能”为核心，提升园所智能化、数字化水平，促进园所高质量发展（见图 9–1）。

2. 项目亮点

（1）多技术融合创新

AI 学前智慧云平台包含智能化应用平台和数字化云平台，融合 AI、AR、

---

① 本部分作者为巧智绘科技（浙江）有限公司联合创始人裘菊兰、徐时健。

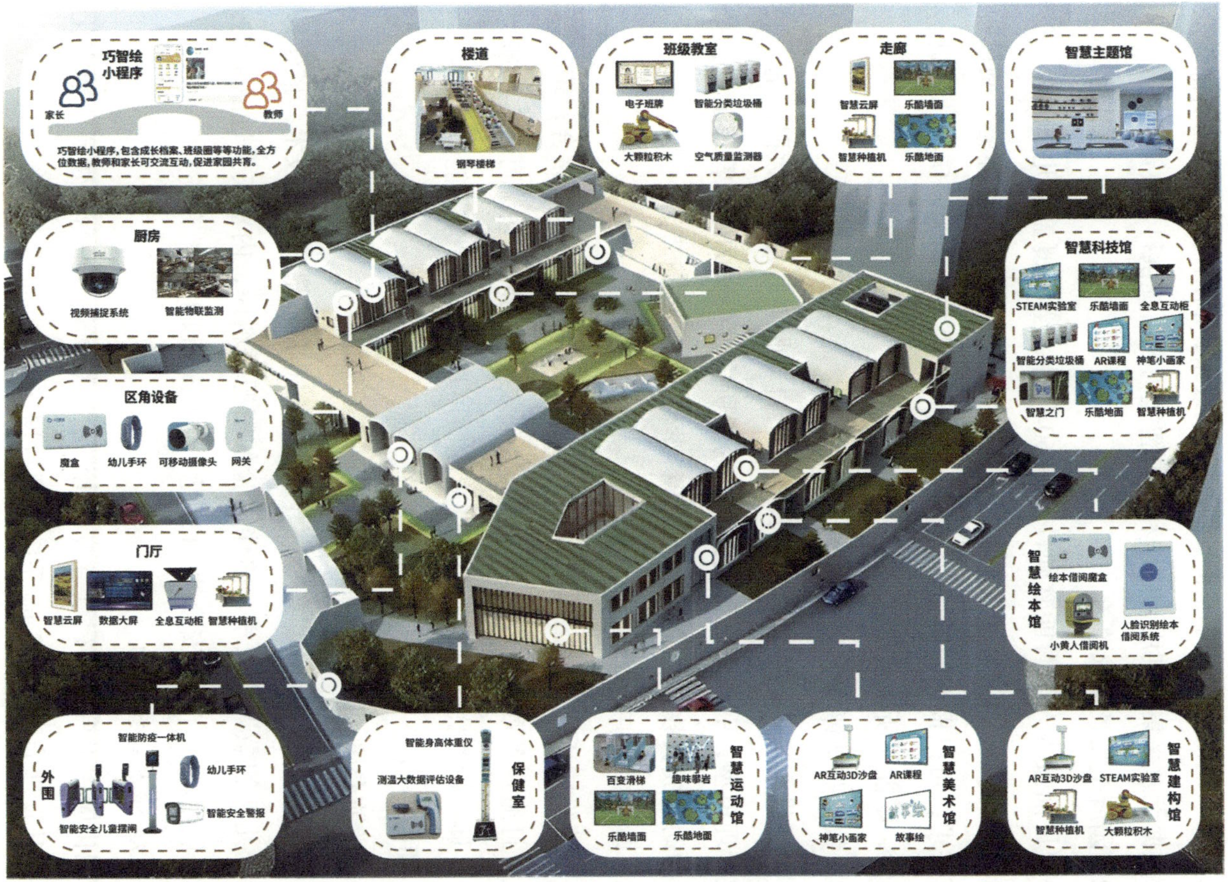

图 9-1 AI 学前智慧云一日生活圈

资料来源：巧智绘科技（浙江）有限公司。

物联网和大数据等新兴技术，创新地系统化应用于学前教育全场景。例如：AI 慧动通过人脸识别实时捕捉幼儿运动姿态，智能统计幼儿运动情况；运用 AR 技术将幼儿平面美术作品变成动态作品，增加幼儿互动；利用全息投影技术打造幼儿教学的沉浸式教学空间，提升教学效果；利用物联网为园所部署幼儿行为数据无感采集，利用大数据和人工智能为园所提供科学决策支持。

（2）园所全场景需求覆盖

平台目前接入人工智能软硬件产品 60 余种，全面覆盖幼儿园教学、管理、沟通等应用场景，满足孩子在园一天的各项学习、运动、体验、阅读等多方面需求，可以根据园所特色，提供一站式解决方案，为园所搭建全域数字化场景，赋能园所现代化建设。

（3）数据驱动评价管理

平台提供全场景数字化信息采集链路，自动收集幼儿成长数据，基于幼教领域管理模型，引入人工智能技术，为园所提供科学的评价管理工具，打造专业的幼儿成长数字画像，助力园所科学保育和精细管理。

（4）数据连通开放生态

为了消除园所业务数据孤岛，平台将园所各业务管理系统整合，统一身份认证，打通业务数据闭环管理，提升管理效率；同时，系统可兼容园所原有应用，具有持续优化更新能力，打造优质可迭代的数智化赋能体系。

3. 项目特点

（1）学前专属 AI 教育助手

AI 园宠融合 Deepseek、文心一言等大模型和自然语言处理技术，搭建一套专属于儿童智慧课堂教学、陪伴体验的资源语料库，内置安全过滤系统，为幼儿提供生动、有趣、安全的 AI 表达，赋能幼儿园 AI 教育场景。

（2）双 SaaS 系统联动

智能化应用平台打造智慧与游戏化课堂，数字化云平台构建园所数字化基座，提升管理能力。双 SaaS 系统实现数据连通，沉淀管理与教学数据，形成专属幼教的数据库和数据资产。

（3）构建精准幼儿成长画像

无感采集幼儿一日生活行为过程数据，联合儿童成长专家搭建儿童观察评价模型，引入人工智能分析能力，有效避免教师主观评价，打造科学全面的幼儿成长画像，支持幼儿个性化发展。

（二）技术架构

AI 学前智慧云平台基于端云协同智能计算架构，打造连通双 SaaS 系统平台，包含面向幼儿园智慧课堂、智慧游戏的智能化应用平台和面向园所搭建数字化基座能力的数字化云平台（见图 9–2）。

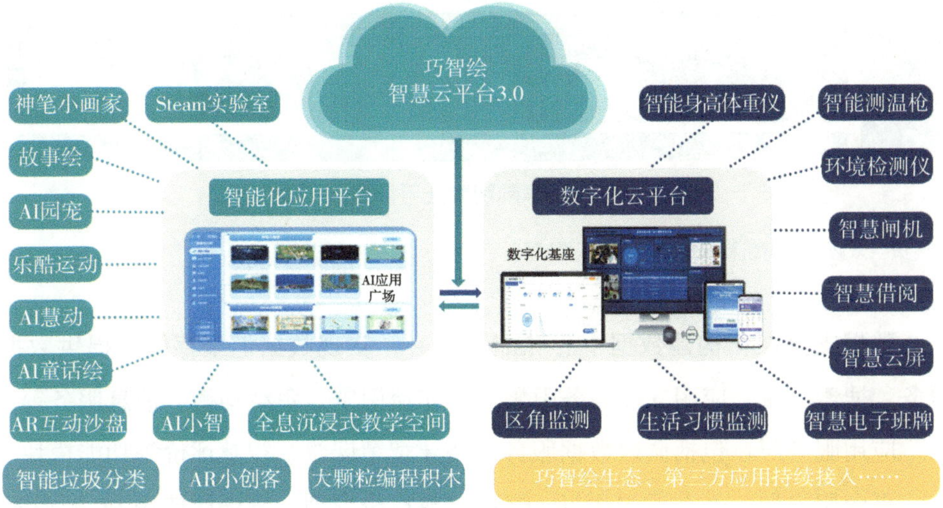

图 9–2 AI 学前智慧云平台业务架构

资料来源：巧智绘科技（浙江）有限公司。

智能化应用平台结合信息技术、增强现实技术、人工智能技术等，构建了集智慧游戏、智慧课堂等应用于一体的幼儿园教学平台。

数字化云平台基于新一代信息基础设施，运用 AI、云计算、大数据、物联网、5G 等技术，建立数据中心管理平台，整合多元网络和业务场景，统一数据服务，连接智能化应用平台，为幼儿园提供数字化基座，推动教学管理科学化、精细化、智能化。

AI 学前智慧云平台应用架构如图 9–3 所示。

智能终端层：幼儿佩戴手环 / 腕带，园所通过智能视频监控、智能闸机等硬件全面采集幼儿数据。

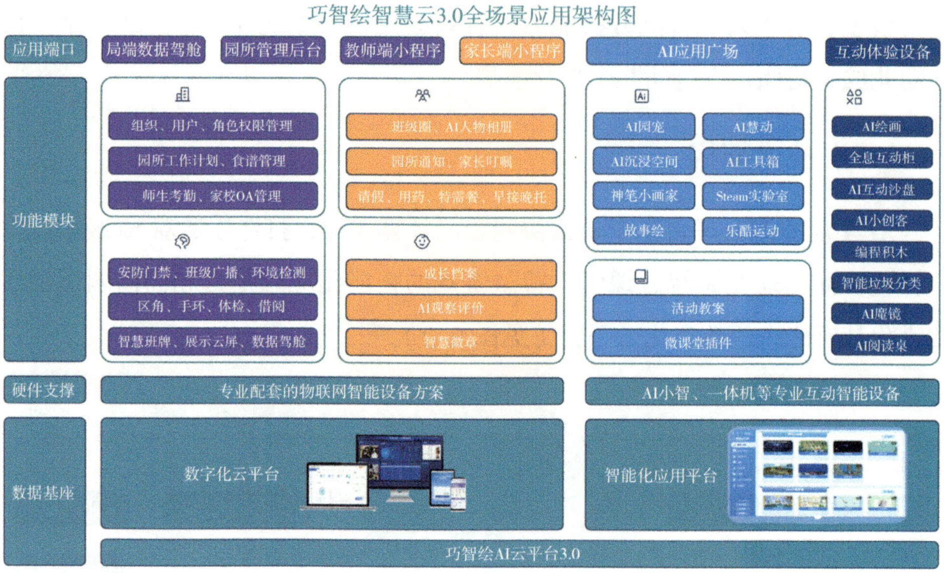

图 9-3　AI 学前智慧云平台应用架构

资料来源：巧智绘科技（浙江）有限公司。

数据支撑层：构建数据中心和能力中心，实现数据汇聚存储，提供数据服务、搜索引擎、应用支撑服务引擎、工作流引擎、负载均衡、消息服务等。

应用服务层：包括调取数据服务，搭建智慧课堂、智慧评价等功能模块。

平台用户层：幼儿通过手环 / 腕带实现身份识别，管理层使用 PC 端管理平台，教师和家长通过小程序使用平台功能。系统为主管部门提供数据驾驶舱了解园所情况。

（三）业务介绍

1. 业务对象

园长：提供园所管理功能、整体运行情况分析数据。提升园长管理效率与教学品质，满足督导评估要求，获取发展策略支持。

教师：提供游戏化教学工具、幼儿管理功能、教研备课功能和家校互动功能。减少教师非教学工作量，获取个性化教学工具支持。

行政后勤：提供食谱配餐管理、园所安全管理、考勤管理、后勤管理和 OA 审批等功能。

家长：提供家校沟通、幼儿成长记录、成长策略支持等功能。家长可实时掌握幼儿在园动态，参与家园共育。

幼儿：通过游戏化体验式教学、精细化呵护引导，基于观察评价生成科学的幼儿发展策略，实现幼儿个性化健康发展。

2. 业务流程

业务流程如图 9-4 所示。

数据采集：通过智能硬件自动采集幼儿生长行为数据，教师利用手机相机或小程序记录幼儿行为观察过程。

AI 分析：基于幼儿成长模型和采集数据，利用 AI 生成观察评价报告与成长建议，教师可以根据 AI 生成的建议调整幼儿个性化发展策略。

反馈优化：教师利用 AI 助教调整教学策略、升级教学方法，家长通过小程序获取指导建议，形成教育闭环。

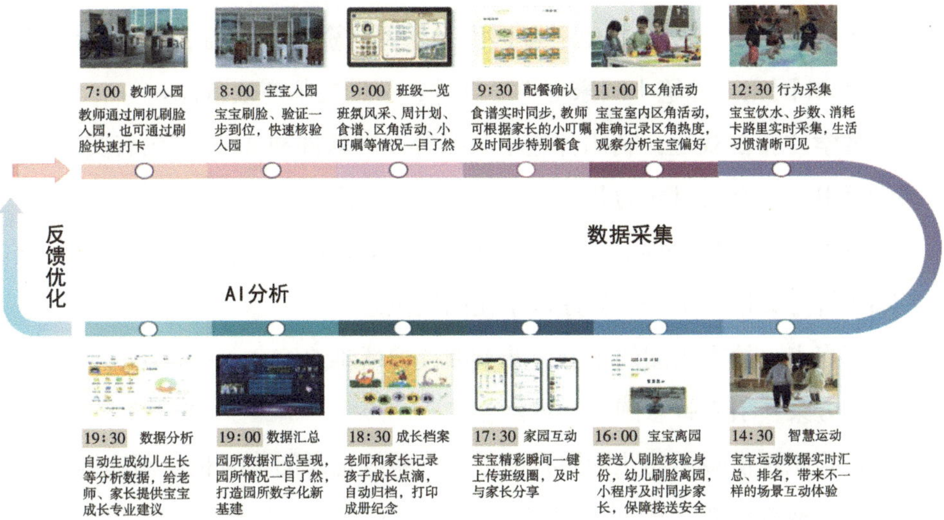

图 9-4 业务流程

资料来源：巧智绘科技（浙江）有限公司。

3. 典型应用场景举例

（1）AI 慧动 + 智慧徽章——幼儿体能课数智化升级

园所痛点：传统儿童体能课程依赖教师手动记录，但儿童特性导致教师难以持续关注，造成数据不精确。课程缺乏趣味性，幼儿配合度低。

解决方案：引入人脸识别的 AI 慧动与智慧徽章。

①无感监测：AI 慧动基于人脸识别技术，实时捕捉幼儿跳绳、拍球等动作，自动生成运动次数与质量分析。

②动态排名：屏幕显示运动排行榜，幼儿运动数据联动智慧徽章，达到设定数值系统自动颁发徽章，激发幼儿积极性。

③家园同步：家长端小程序推送运动报告，提供支持性策略，加强家园共育。

方案成效：杭州市滨江区欧文幼儿园儿童体能达标率提升 25 个百分点，获得家长高度评价。

（2）AI 园宠和神笔小画家 / 故事绘 /Steam 实验室——打造互动趣味互动 AI 课堂

园所痛点：传统教学手段有限，幼儿注意力难以控制，缺乏教学亮点。

解决方案：引入 AI 园宠和神笔小画家 / 故事绘 /Steam 实验室。

①课程资源丰富：智能化平台提供大量课程资源，涵盖各年龄段课程教案，配合 AI 园宠、神笔小画家等教学软件，帮助老师高效备课。

②教学体验游戏化：利用神笔小画家等互动软件和 AI 园宠语音交互，提升课堂吸引力，有效引导幼儿学习，达成教学目标。

方案成效：多所幼儿园采用 AI 智慧课堂，成功获得省级、市级公开课奖项。

（3）智慧阅读系统——创建数字化阅读生态

园所痛点：绘本借阅效率低，儿童阅读习惯难追踪。

解决方案：引入智慧阅读系统。

①人脸识别借阅：幼儿刷脸自助借书，系统记录阅读时长与阅读偏好。

②数据驱动管理：园所通过借阅统计数据了解幼儿绘本借阅情况，根据借阅排行榜优化图书采购，方便教师推荐个性化书单，家长通过孩子阅读数据了解孩子阅读兴趣，方便引导。

方案成效：合作园所成功打造园所阅读特色，园所绘本借阅量增加 40%，幼儿月均阅读时长提升至 8 小时。

（4）AI 观察评价——儿童成长个性化支持策略

园所痛点：传统幼儿行为观察依赖人工记录，耗时且主观，缺乏数据支持，导致家园沟通存在争议。部分教师因专业度不高难以提供科学的支持策略。

解决方案：引入 AI 观察评价。

①幼儿行为观察分析模型库：依据幼儿发展专业指标，构建评价分析模型，支持建立动态评价标准，形成自适应评价系统。

② AI 观察评价：基于“行为片段—发展维度—教学策略”三层推理结构，生成个性化干预方案，简化教师工作。

③可视化报告：基于智能框架，自动映射幼儿行为到五大领域，输出发展雷达图和可视化报告，支持课题研究，形成幼教科学保育闭环。

方案成效：提升教师观察记录效率，增强家园共育满意度，提供个性化支持策略和区角活动方案，显著提高幼儿合作与沉浸行为。

（四）数据要素

平台利用大数据和 AI 技术赋能学前教育，助力新质人才培养。通过多场景、多维度数据采集融合，进行多角度智能分析，全面挖掘数据潜力，支持园所课题研究和科学决策。

数据类型：生理数据（身高、体重、睡眠等）、行为数据（运动、区角活动等）、兴趣数据（绘本偏好、游戏选择等）。

数据应用：幼儿数字画像。利用 AI 分析和成长模型，创建多维度标签（例如“平衡能力优秀”“语言表达突出”），提供个性化成长策略。

园所决策：通过分析班级出勤率和区角热度等数据，优化资源配置和人力结构，规划教师发展路径，促进园所高效发展。

科研支持：积累脱敏幼儿行为数据，结合平台工具支持学前教育研究。

（五）场景推广

1. 适用场景类型

幼儿园、普惠性托育机构以及教育主管部门：部分幼儿园数智化水平较低，缺乏课题研究数据和高效管理能力，可通过 AI 智慧云平台系统提升；普惠性托育机构解决托育问题需规范管理，确保服务质量和安全，提高运营效率，可以利用智慧云平台提升服务质量；教育主管部门可以利用智慧云平台提升区域学前教育质量，打造区域数智化特色和标杆。

特殊教育机构：特教机构急需个性化教育方案、健康监测、行为预警，以及家校信息共享和家庭干预指导，智慧云平台可解决这些痛点，确保“一人一案”。

儿童医院、亲子中心、游乐场等其他儿童场所：平台可以为其他类型儿童场所进行数智化赋能，增强智慧游戏体验，提升场所用户黏性。

家庭端：平台提供家长端小程序，帮助家长全面了解幼儿全面成长数据和个性化科学养育策略，助力家校沟通。

2. 项目支持条件

（1）政策条件

《温州市学前教育智慧教育实施方案》要求，到2025年形成一批具有温州特色的学前教育智慧应用样本，全市进入“三朵云”系统的幼儿园达800所，创建“三朵云”智慧幼儿园200所。该方案为省内首个针对学前教育领域出台的智慧教育引领性文件。

（2）经费支持

地区应为学前教育的数智化发展提供经费支持，帮助园所改善数智化设施，提升办园条件。

（3）硬件基础

园所需搭建高速网络和必要的智能终端设备，硬件需支持数据实时互通。

（4）教师具备一定的数字素养

平台功能多样，涉及智能化产品操作，教师需具备一定的数字素养以发挥平台价值，提升园所数智化水平。

3. 场景的组织管理

为实现学前教育数智化，园所应争取政策和资金支持，制定与园所目标相符的数智化发展规划，聚焦幼儿个性化评价、教学创新等核心场景，明确建设目标和预算。

管理决策人员组成项目小组，巧智绘提供技术意见，参与规划制定。小组统筹协调数智化建设规划，确定方案后由巧智绘实施，小组协助确保项目顺利进行，验收建设成果，确保达到规划目标。项目完成后，巧智绘提供培训和运营保障，确保数智化项目有效提升园所数智化水平。

4. 相关建议

（1）转变观念

部分老师和家长担心幼儿过早使用智能设备会影响孩子视力发育，故对幼儿园引入数智化工具持保守态度。现阶段幼教数智化产品均采用对幼儿发展影响较小的技术材料，确保儿童健康安全，教师和家长可放心引导孩子从容适应数智时代发展。

（2）合理规划人机协同

学前教育主导力量依然是幼儿教师，智能化产品只是教师的工具，对于工具使用的方法和场景应由教师进行把控，园所需加大力度开展不同层级的教师数智化能力培训。

（3）政策支持

人口出生率下降为学前教育发展带来诸多挑战，园所发展面临少子化带来的残酷竞争，家长对学前教育质量预期显著提高。建议教育部门强化政策引领，推动园所数智化赋能，提升园所发展竞争力，积极落实学前教育提质培优。

二、中国人民大学附属小学——智能五育融合铸就智慧人生

中国人民大学附属小学（简称人大附小）创办于1954年，自创办以来，在大学及各级政府的领导和支持下，办学规模、办学质量、办学声誉有了飞速发展，如今已成为拥有一校六址199个教学班8001名学生513位教师的人大附小教育集团。人大附小的办学目标是“建设智慧化、内涵式、高质量发展的未来学校”，办学理念是“尊重个性，关注差异，让每一个生命独特绽放”。人大附小的智慧校园建设目标是：提升教育质量、创新教育模式、提高管理效率，为师生提供更优质、更高效的教育教学环境和体验。具体实践路径是：通过整校推进的方式，覆盖教育教学、教研培训、教学管

理、课程建设等多个领域，全面提升教师运用现代信息技术进行教育教学的能力，助力智慧校园教育环境提质升级，培养学生在智能时代所需的核心素养。

（一）一体化统筹推进，打造沉浸式人工智能育人环境

自 2020 年以来，人大附小开启新一轮智慧校园建设工作，从软硬件集成到物理空间和虚拟空间有机融合，一体化统筹推进人工智能育人环境建设。在中关村科学城管委会的支持下，人大附小与中关村互联网教育创新中心建立紧密合作伙伴关系，并引入华为、科大讯飞、作业帮等高科技企业的人工智能教育产品，融合学习空间与人工智能软硬件产品，实现物理空间与虚拟空间的灵活转换，最大限度地满足学生的个性化需求。创客 + 人工智能，打造出 900 平方米的以学习者为中心的“未来学习空间”，丰富的社团活动和实践活动让学生沉浸式学习，打开“五感”，充分发挥想象力和创造力，享受阅读、绘画、制作、运动、协作、竞技等活动的快乐，感受七彩人生。

（二）人工智能助力五育并举教学体系建设

随着数字化技术的发展，数字化在提高教育质量、推进教育发展等方面的作用日渐凸显。人大附小经过多年的探索和实践，打造了以大数据、物联网、人工智能等技术为“助推剂”的五育并举教学体系（见图 9–5）。

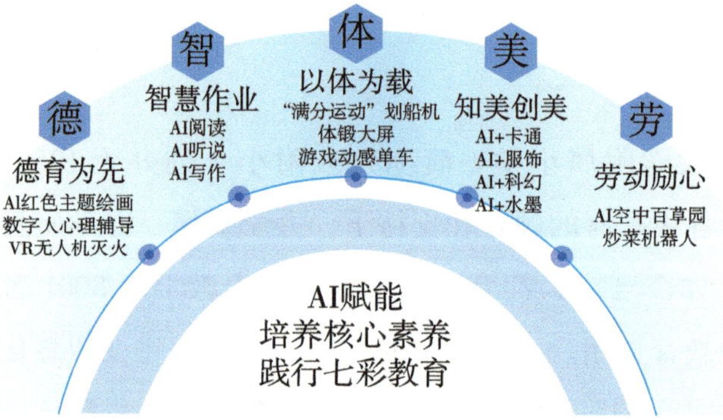

图 9–5 五育并举教学体系

资料来源：作者自制。

1. 德育为先

人大附小以人工智能为重要手段，采用不同的教学方式，创新德育形式，开展多种多样的爱国主义教育、安全教育、心理健康教育等，增强德育的教育性、实效性，助力德育工作的开展。2024 年 5 月，人大附小以 AI 文生图工具为载体，举办了“七彩少年·红色传承·时代创新”AI 赋能创意书画展，传承红色基因，谱写新时代篇章。在心理健康教育方面，人大附小与超星公司合作，研发了数字人“附小小”，“附小小”可以随时随地与学生交流谈心，为同学答疑解惑，提供心理辅导，成为学生的贴心好朋友。在安全教育方面，人大附小“未来学习空间”可以让学生自主体验 VR 无人机灭火的场景，孩子们戴上 VR 眼镜，能够沉浸式体验安全教育、生命教育。

2. 智慧作业

人大附小在分层作业、个性化作业和基于智慧作业大数据的精准教学方面开展了实践探索。通过“智慧作业平台”，在日常作业、单元复习、阶段检测等应用场景中，实现自动批改、个性化题库生成、个性化作业设计，解决重复作业、大量作业的问题，提升学习效率，提高教育教学质量。自动批阅、自动生成个体和班级学情分析能够提升教师精准教学与课堂效率，同时减轻教师的工作负担。

AI 助力学生阅读和写作能力的提升。“分级阅读”通过自动信息提取、主动提问与解答、自动生成试题、进阶指导、个性化学习等，提高学生的阅读能力和阅读素养，同时为教师提供有效的阅读教学资源和工具。“机器阅读”可以智能梳理出文章重点，提炼逻辑关系和知识图谱，提高学生阅读能力。在国家语委中国语言智能研究中心主任、首都师范大学周建设教授的引领下，人大附小语文学科 8 个班使用“in 课堂”中文作文教学与智能批阅系统，实现作文自动批阅、精准评价，提高了作文批阅效率，大大减轻了教师的负担，还提高了学生的写作能力。

英语教师使用“AI 听说课堂”中的课本同步资源及自制绘本资源，带领学生进行课堂听读、跟读。系统及时反馈每个学生的听读情况并打分，让教师实时了解学生的口语掌握情况，实现在课堂评价数据分析基础上的精准辅导教学。AI 英语对练功能可实现在课堂上全班同学与 AI 对话并实时评价，有趣好玩，让学生爱上学英语。

3. 以体为载

强体魄而凌绝顶，修勇毅而志未来。人大附小坚持体质健康第一的教育理念，在体育教学中引入人工智能技术。“逸道体育”的动感单车将骑行与游戏情景相结合，极大丰富了课间 15 分钟的活动。

“满分运动”划船机是一个课程化非常好的运动训练项目。划船机在学生运动中生成实时数据，学生可根据运动建议及时调整训练。学校多次开展集团校之间的划船机大赛，孩子们为了荣誉，勇往直前。

勋然体育的体育锻炼大屏、科大讯飞的智慧体育产品布置在学校的各个空间，学生均可自主使用。人工智能新型体育运动设备激发了学生参与体育运动的好奇心和热情，也极大地促进了体育教师开展新技术支持下的体育教学研究和开发精品课例，研究项目多次获得部级、市级奖项。

4. 知美创美

以美润心，以美育人，让孩子们有感知美的能力，从而具备创造美的能力。人大附小利用美术教研活动时间，邀请亦心科技、百度的讲师，开展了悟空图像、文心一格、智能绘画工具的培训。每位美术教师都开通了账号，探索“AI 科技”在美术教学的应用实践。学生将手绘的图片通过 AI 程序进行优化，或者直接使用 AI 程序作画，创作出了一大批 AI 美术作品。

人大附小美术团队经过一个学期的实践，录制了一批基于人工智能的美术教学课程。从“AI+ 卡通”“AI+ 科幻”“AI+ 服饰”“AI+ 水墨”几个方面开发了“设计校庆吉祥物”“科学幻想之旅”“出淤泥而不染的荷花”“中华风尚——中国元素的设计”等精品课程。

5. 劳动励心

人大附小通过人工智能与物联网技术，打造跨学科教育平台。结合科学、数学、劳动、信息技术等学科，让学生在真实与虚拟双向互动的环境中学习。例如，人大附小建有“AI 空中百草园”，学生可以通过编程设计智能灌溉系统，实时监测植物的生长条件，并调整灌溉方案。此外，“炒菜机器人”将劳动科创中的烹饪和营养课程与人工智能结合，让学生感受科技改变生活。

（三）人工智能统筹教育教学管理

智能化教学管理平台将教师常用的应用按服务、教务和教学进行统一认证和汇聚，方便教师日常办公，同时智能化数据分析平台借助完整的多维数据，极大地提升了有价值数据的提取效率，减少人为因素所带来的数据误差问题（见图 9–6）。通过大数据技术分析，学校管理者能够明确所有学生、教师的个性化需求，包括需要何种教学服务、需要怎样的后勤支持、何种教学方式才能够取得理想的教学效果等，进而为教学策略的制订提供更为具体的支持，切实提升整体教学效果。特别是学生体质健康测试数据、学生视力健康数据等智能分析报告，为管理者提供了重要决策依据。

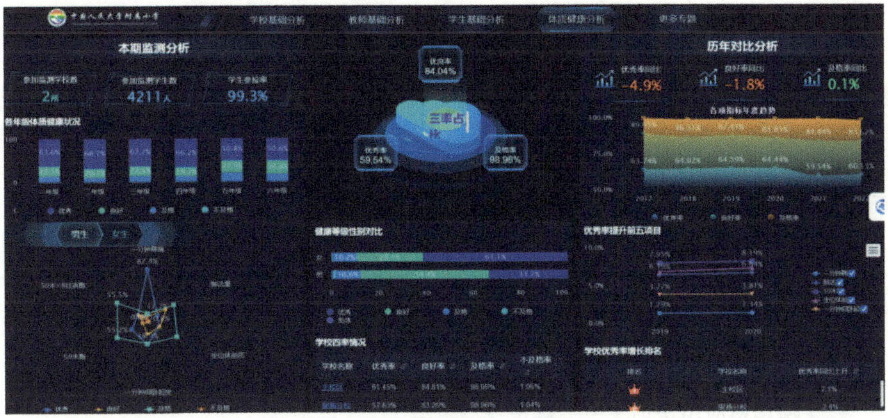

图 9–6 智能化教学管理平台

资料来源：界面截图。

（四）人工智能助力教师专业发展

学校与百度合作，使用千帆大模型制作了一个人大附小的 AI 教师助手（见图 9–7）。将小学所有学科的新课标输入大模型中作为知识库，把 AI 教师助手定义为教育专家，在回答一些教育问题的时候，会优先从新课标中思考回答，实现常态化高效办公。学校设置教学设计框架、提炼发言提纲、文章润色等功能，大大提高教师的办公效率。

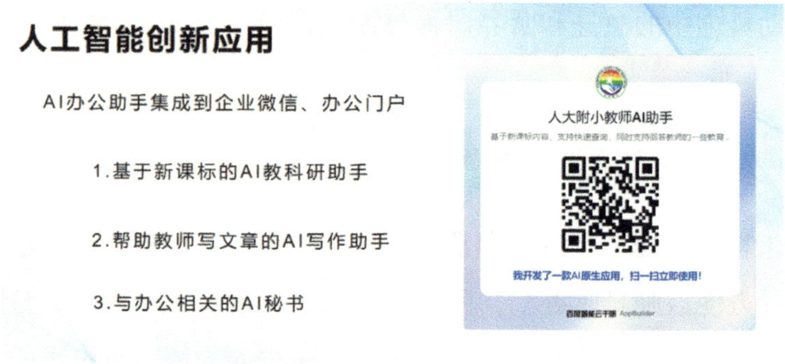

图 9-7　人大附小 AI 教师助手

资料来源：界面截图。

第一，以点带面，多点开花。学校组织青年教师团队，成立“人工智能教学工作坊”，先试先行，开展了一系列教师人工智能培训活动；定期组织工作坊试用比较各种人工智能产品，并开展应用场景探究，为教师职业发展提供新路径。

第二，走出去，请进来。学校联合华为、百度、科大讯飞、腾讯、金山、网易有道、超星、中望、亦心科技等科技公司，组织一系列人工智能培训（见表 9-1）。人大附小通过人工智能培训，将 AI 和学科教学、学校管理、学生活动相结合，改变师生的工作学习方式，培养师生的人工智能思维模式。

表 9-1　部分校内培训及外出培训课程

课时	培训课程
一	人工智能支持下的美育教育——AI 闪绘在美术教学中的应用
二	跨学科应用培训——三维设计与数学
三	人工智能辅助高效办公——百度人工智能工具应用
四	数据支持下的学业水平诊断——AI 智能批阅系统使用
五	人工智能促进作业改革——智慧作业在语文学科的应用培训
六	人工智能促课堂教学提质增效——校内外双师智慧课堂在教学中使用
七	人工智能促英语课堂变革——科大讯飞智能听说
八	人工智能促高效办公——WPS AI
九	基于超星智能平台的分级阅读培训

资料来源：作者自制。

（五）总结与展望

自 2010 年以来，人大附小在探索新型教与学模式、推进教育教学改革、实施智慧教育以及课程创新等多个领域，取得了令人瞩目的丰硕成果。多项教育教学创新改革举措被广泛推广和应用，使得人大附小成为智慧教育的领跑者，同时也使教师和学生深切体会到教育改革带来的益处。

人大附小将人工智能技术作为推动教育创新的新动力，致力于建设智慧化、内涵式、高质量发展的未来学校。在这一办学目标的指引下，人大附小将进一步深化教育教学改革，推动课程创新，优化师资队伍建设，提升教育教学质量。学校的教育教学改革着眼于学生的全面发展，注重培养学生的创新精神和实践能力，充分利用现代信息技术，打造了互动性强、资源丰富的智慧课堂，为学生提供了更加灵活多样的学习方式。

展望未来，人大附小将继续发挥智慧教育领跑者的作用，积极探索和实践，将先进的教育理念和技术手段融入日常教学之中，不断丰富和完善教育内容和方法，以期在新的历史时期为我国基础教育的发展贡献更多的智慧和力量。

三、上海市卢湾高级中学——人工智能助力高中教育教学模式变革

（一）实践背景与策略

上海市卢湾高级中学（简称学校）在人工智能教育领域深耕多年，是全国中小学人工智能教育基地，入选上海市城市数字化转型揭榜挂帅示范单位场景清单。学校凭借人工智能技术优势和在课程教学上的丰富积累，开展“人工智能增强高中教育”实践研究，旨在服务全体师生，为教师开辟人工智能教学的新领域，为学生提供超越传统教材的创新学习工具和数字化资源，从而促进教学模式的创新与变革。

（二）人工智能应用场景介绍

1. 人工智能大模型驱动下的五育融合素养导向的课程质量评价体系

基于大数据分析与智能算法，学校数据中台及应用场景支撑下的评价体系，是一种以学生全面发展为核心的教育理念实践。该体系遵循国家课程标准，超越传统框架，创新性地运用大模型技术构建五育融合素养导向的课程质量评价体系（见图 9–8）。通过学习行为数据分析，系统能够精确把握学生的潜能与需求，记录学生成长关键证据，将学习成果转化为直观的“学生成长图谱”，使成长路径清晰可见。

人工智能作为培养学生核心素养的智慧辅助，实时监测学生学习路径。评价体系以核心素养为核心，紧贴高中课程标准，结合校本特色的人工智能教育场景，构建了“培养目标 × 课程体系”的育人矩阵，实现教学与评价的深度融合。该体系不仅确保了教学内容与评价标准的一致性，还通过开发针对性的人工智能教育评价指标，细致描绘学生能力画像，直观展现其学科素养与跨领域能力的成长。

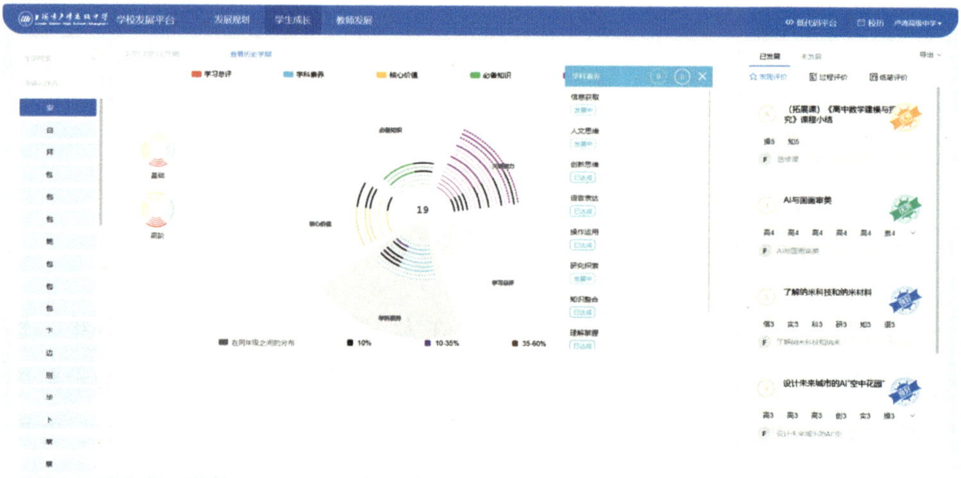

图 9–8　五育融合素养导向的课程质量评价体系

资料来源：界面截图。

2. 开辟“人工智能 + 全息与虚拟现实”教学新纪元

学校借助人工智能大模型的能力，为全息与虚拟现实教学环境注入强大动力，颠覆了传统教学范式，打造了智慧高效的教学空间。这一变革推动了教育模式从被动接受向主动探索的转变，营造了沉浸式学习体验，增强了教学内容的多元性与灵活性。

在全息教室，智能学习终端在人工智能大模型的驱动下，无感采集学生的学习行为和理解程度，实时调整教学策略和难度，为学生量身打造个性化学习路径。从思政课的思辨到生物课的微观世界探索，再到地理课的全球视野，人工智能精准对接全球教育资源，实现了跨时空的知识传递，极大拓展了教育的深度与广度。

在虚拟现实实验室，人工智能技术重构了化学实验教学流程，通过预测分析与情景模拟，学生在安全的虚拟环境中进行实验，获得等同于现实操作的实践经验。人工智能大模型处理和学习海量数据，不断优化实验情境，提高了实验教学的效率与安全性。智能评估系统即时反馈学生表现，助力教学效果的持续提升。

3. 打造覆盖多学科、多形态的人工智能创课资源体系

学校在深度整合全息与虚拟现实技术的基础上，运用人工智能大模型的深度学习与数据处理功能，精心打造并积累了涵盖地理、生物、化学、思政等多学科的人工智能主题校本创课资源。该资源体系融合了全息投影、增强现实、虚拟现实等多种技术，形成了一套全方位、前沿的人工智能创课资源体系。该体系有效支撑了教学日常，展现了学校在人工智能教育领域的特色与专业深度。

（三）项目成效与创新突破

（1）开设校本特色课程

学校开设若干人工智能特色课程，包括全息课程“5G+ 全息远程思政教育课堂”、全息课程“科学云讲坛：与世界杰出华人科学家 5G 面对面”、虚拟现实课程“中国现代化工之母——氯碱工业”、校本教材“青少年机器人世界杯足球零起点入门”、高二普及课程“我的第一个机器人”（包含机器人巡

逻和吞食天地项目)、特色课程“无人驾驶场景的实践应用”、高一普及课程“人工智能基础”、高一普及课程“人工智能基础”、特色课程“机器视觉的实践应用”、特色课程“无人机编程控制”、特色课程“基于 RoboMaster 的人工智能实践课程”、特色课程“基于树莓派的创客设计”等。

(2)人工智能教育成果相关课题研究

①“普通高中人工智能特色课程群开发与实施研究”成功立项市级课题,完成“人工智能 + 课程群开发与实践”课题成果。

②“基于 AI 跨学科项目化学习平台的开发与应用研究”课题成功获得上海市基础教育信息化研究课题立项,并已经圆满完成研究任务。

③“普通高中人工智能 + 课程群开发与实施研究”项目获上海市提升中小学(幼儿园)课程领导力行动研究(第三轮)项目结项“优秀”等级。

(3)人工智能教育成果相关比赛及奖项

①“数据中台支持下的学校高质量发展评价研究”入选教育部 2022—2023 年数字化赋能教育管理信息化建设与应用典型案例。

②“基于 SLAM-AR 的化工生产类课程创新教学探索”入选教育部基础教育化学教学指导专业委员会 2023 年度化学教育教学改革典型案例。

③参加“上海市基础教育信息化应用展示交流活动”,报送案例“AI+ 化学:人工智能技术赋能化学实验及化工生产教学”,并荣获一等奖。

④参加第四届“绽放杯”5G 应用征集大赛,荣获 MEC 边缘计算专题赛智慧教育赛道三等奖。

⑤基于人工智能教育成果,学校学生在人工智能领域上海市青少年机械奥运活动、青少年世界杯中国赛、首届国际中学生人工智能交流展示会、第二十届全国中小学电脑制作活动上海赛区中小学机器人竞赛、第二十届全国中小学电脑制作活动机器人竞赛、青少年世界杯中国赛上海地区选拔赛等各类比赛中获得荣誉奖项。

(4)人工智能教育成果影响力

①在 2022 年第十九届上海教育博览会上,学校人工智能课程教育成果作为上海市教育数字化转型应用标杆案例,在“教学创新”板块展示,教育应用场景访问量居前两位。

②在上海市教育委员会组织的课程领导力项目高中校课程实施专题研修活动中，学校现场组织了 8 个“人工智能 +”课堂，展示学校人工智能教学过程。

③学校承办上海市教育信息化应用标杆培育校（高中组）创建成果交流与研讨活动，展示与分享数字化赋能教学、管理及评价等方面的实践做法和案例，推动成果辐射共享。

④基于人工智能教学成果，学校化学组陈华老师撰写的论文《技术支持下的化学有效教学初探——以高三化学“纯碱工业”教与学难点突破为例》发表在《化学教与学》杂志上。

（四）经济效益与社会效益

1. 经济效益

（1）优化教育资源配置

全息与虚拟现实教室的部署与创新课程资源相结合，实现了教育资源的个性化供给，有效避免了资源浪费。数字化教学手段不仅减轻了教师负担，提升了教学效率，也降低了人力成本。

（2）提高教学质量

人工智能教学手段增强了学习的沉浸感和趣味性，不仅提升了学习成效，还有助于提高学校教育品质，吸引优质生源，增强学校品牌影响力。

（3）实现产业链延伸

人工智能技术在高中教育领域的普及，推动了教育软件、在线教育平台及数据分析等相关产业的发展，为社会就业与经济增长注入新动力。

2. 社会效益

（1）推动教育均衡发展

全息与虚拟现实技术的应用，为学校提供了跨区域、跨时间的教学互动平台，促进了教育资源的均衡分配。人工智能在教育领域的领先应用，帮助资源不足学校接入更广泛的教育资源，缩小了教育差距，助力实现教育公平。

（2）培育创新型人才

人工智能技术的融入推动了高中教育向创新与实践倾斜。学校通过利用虚拟仿真实验室等先进教学手段，使学生的实践能力和创新思维得到锻炼，这为学生的职业生涯和社会适应能力打下坚实基础。

（3）提高国民整体素养

高中教育阶段是国家人才培养的关键时期。人工智能技术应用，提升了教育质量和成效，促进了国民素质的整体提升，推动了社会的持续进步。

第十章 “人工智能+教育”的企业实践

一、网易有道——“子曰”教育大模型服务业务场景落地

（一）案例概述

1. 基本情况

网易有道成立于2006年，作为网易集团在教育领域的核心布局，于2019年10月登陆纽交所，是网易集团首个独立上市公司，也是国内用户数量最大的互联网教育品牌。“双减”政策后，网易有道积极转型，迅速将数字教育、智能硬件、素质教育和成人教育确定为主要增长支柱。其中，其自主研发的国内首个教育领域的垂直大模型——“子曰”教育大模型于2023年7月正式发布。

“子曰”教育大模型是网易有道基于深度学习技术自主研发的大语言模型，具有强大的自然语言处理和生成能力，可以应用于多种场景。该产品采用先进的Transformer神经网络架构和技术，具有智能问答、文本生成、情感分析、机器翻译等多种功能。此外，该产品还具有高效、准确、可扩展等特点，可以满足不同规模的应用需求。

在推进大模型应用落地的过程中，网易有道积极响应国家政策号召，遵循《生成式人工智能服务管理暂行办法》等相关规定，成为国内首个通过国家相关备案的教育大模型；同时，网易有道积极参编团体标准，履行社会责任，推动行业发展。

2. 案例亮点

（1）教育领域的专属性

“子曰”教育大模型是国内首家落地的教育领域大模型，一开始就被定位为专注于教育领域的垂直大模型，在教育相关的语义理解、知识表达等方面有着非常深入的理解。

（2）教育场景适配性

基于“子曰”大模型的基座能力，网易有道设计并定制了一系列针对教育及其他垂类业务场景的专业模型，包括但不限于动态口语交互模型、生成式写作辅助模型、智能问答模型等。这些场景化模型在继承大模型普遍适用的问答能力和广泛的知识覆盖基础上，还针对性地吸收了海量教研知识库与题目资源，以更好地适配教育教学场景。当前已经推出全球首个虚拟人口语教练“Hi Echo”，全科、全学段、全题型 AI 家庭助手“小 P 老师”等产品。

（3）全学科知识整合

“子曰”教育大模型具备全科知识整合能力，通过连接多模态知识库、跨学科整合知识内容，能随时满足学生的动态需求，帮助学生培养更综合的能力，并基于学生反馈塑造良好性格和语言习惯，实现引导式学习，帮助学生培养自主学习能力，还可以随时提供全科和跨学科知识答疑支持，为学生提供更全面的学习帮助。

（二）整体架构

“子曰”教育大模型应用场景遵循统一数据标准和统一安全保障运维体系，在系统部署、数据来源、数据整合与集成、模型训练基础上按照“1+5+3+1”整体架构进行设计，通过提供轻量级的负载均衡、协议转换和鉴权，有效支撑多种教育应用场景的落地（见图 10–1）。

（1）服务入口

平台服务对象包括区域或学校的管理者、教师、学生以及社会公众，可以为各类用户提供统一入口。通过多种方式访问大模型平台和应用场景，教师和学生享受不同的业务服务，实现教育场景建设的智慧化、个性化。

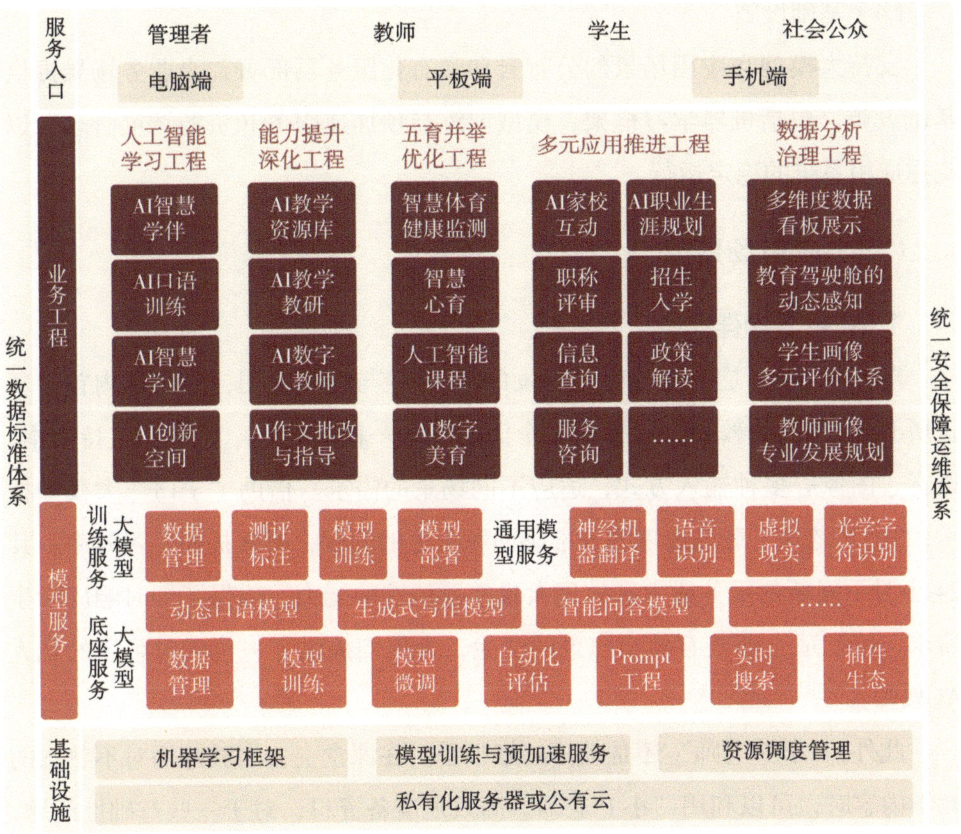

图 10-1 “子曰”教育大模型应用场景整体架构

资料来源：作者自制。

（2）业务工程

“子曰”教育大模型目前已经在人工智能学习工程、能力提升深化工程、五育并举优化工程、多元应用推进工程和数据分析治理工程等至少 5 个教育数字化场景落地，致力于将大模型的技术优势完全转化为教育用户可感知的卓越体验，从而实现教育提质增效和管理效率显著增长。

（3）模型服务

模型服务包括三大方面。一是构建教育落地场景训练平台，搭建基础大语言模型基座，提供大模型基座服务；二是借助网易有道的大模型训练经验，固化训练流程和训练工具，提供模型微调训练服务；三是面向开发者的一站式 AI 能力赋能平台，提供丰富多样的 AI 通用模型服务。

（4）基础设施

支持大模型和应用场景的公有云和私有化服务器部署，为业务场景提供基础设施，包括机器学习框架、模型训练与预加速服务和资源调度管理，以支撑应用系统的稳定运行。

（三）应用场景

1. AI 智慧学伴

“小 P 老师”是由网易有道开发的 AI 答疑与助教应用，作为国内首个覆盖所有学科的 AI 教师，它提供了全面的一对一精讲服务。该应用支持文本、语音、图像等多种输入方式，适应不同场景的需求。借助“子曰”大模型技术，“小 P 老师”能迅速理解并准确回答学生的问题，有效提高学习效率。其 24 小时不间断的服务能力和处理大量并发请求的能力，确保了即时响应学生需求，特别适合那些有社交焦虑的学生，为他们提供了一位随时可用的私人 AI 教师。

此外，“小 P 老师”还是教师的好帮手。在课堂上，当教师面对不熟悉的教学内容时，可以利用“小 P 老师”高效地准备资料；对于一些基础性问题，教师可直接让“小 P 老师”代为讲解，实现“真实教师 +AI 教师”的双师教学模式，从而提高备课和授课效率。在课外时间，“小 P 老师”可以帮忙解答学生的疑问，不仅保证了每位学生都能获得个性化的指导，也减轻了教师的工作压力。通过这种方式，教师可以更精准地了解学生的学习状态，进一步优化教学策略。

2. AI 口语训练

“AI 口语训练”是网易有道基于自研的全球首个虚拟人口语教练“Hi Echo”开发的针对区域或学校的英语口语训练产品，它能够帮助学生提高英语口语能力，并增强学生英语口语交流的信心；为教师提供高效、便捷的英语口语教学平台，能够在课堂上便捷进行英语话题的延展、讨论、展示，提升英语口语的教学效率和质量。“AI 口语训练”可以提供个性化和适宜的口语训练内容，以适应不同学习者和教学者的需要，擅长理解和生成自然语言，创建接近真实对话的模拟环境，提高口语训练价值，具有丰富的语言学习资源，包括各种类型的对话场景，能够满足教学和学习需求，能够评估用户的发音和语法，提供准确的反馈报告。

3. AI 作文批改与指导

“AI 作文批改与指导”基于“子曰”教育大模型，利用图像识别、人工智能引擎等国际领先的技术，能够实现语文、英语作文的自动评分与智能批改，帮助教师减少评阅工作量。“AI 作文批改与指导”可以对作文从评级、评语、佳句和建议等维度给出批改结果，自动对作文内容进行总结和评价，对作文中写得较好的句子进行提炼及点评，并提出作文改进的具体建议，减轻教师评阅工作量，实现语文、英语作文的常态化训练；帮助学生精准掌握错误类型和错误内容，并为教师提供分析报告以及每位学生的作文原卷和批改详情，供教师提供针对性的指导教学及学生作文提分使用。

4. AI 数字人

数字人是网易有道基于全自研语音识别、语音合成、多模态感知、“子曰”教育大模型、QAnything 等人工智能技术打造出的高度拟人化的虚拟数字形象，其不仅拥有近似真人的形象以及逼真的表情动作，而且具备表达情感和沟通交流的能力，能像真人般与人互动沟通。目前，网易有道的数字人可以应用于学校迎新或开放日的接待引导，针对用户疑惑进行解答，还可以根据学校需求，定制个性化的数字人形象，帮助学校更好地开展宣传活动。在学校教学中，可以通过 3D 还原古代人物，如让苏东坡数字人给学生讲授东坡文化，学生在学习知识的同时，还感受了科技力量。

（四）落地路径

1. 模型的训练和优化

“子曰”教育大模型依托深度学习技术，采用先进的 Transformer 架构，具备卓越的自然语言处理和生成能力。它利用有道丰富的教学数据和专业团队的支持，增强了模型在特定教育场景中的表现，拓宽了知识面，提高了表达力，超越了传统“经验论”，深入挖掘数据价值。

尽管“子曰”教育大模型已用 TB 级数据在大规模 GPU 集群上完成初步训练，但为了更好地适应不同地区学生的实际需求，还会根据具体项目进行定制化训练。训练过程包括数据采集、筛选、格式化、清洗、平衡和划分等步骤，结合开源数据、算法抓取数据、教研数据及内部资源，进行大规模预训练。这些经过处理的数据被用于优化大模型，确保其能有效学习知识和语言模式，并根据需要进行微调，以更好地服务于区域教育需求。

2. 应用场景融合

区域或学校可以按照自身建设需求和发展阶段，选择相应的应用场景落地。一方面，通过提供个性化学习体验，帮助学生根据自身的学习能力和兴趣制订学习计划，从而提高学习效率；另一方面，可以为教师提供更多的教学资源和工具，帮助教师更好地了解学生的学习需求并提供更个性化的指导，从而提升教师教学质量。

3. 效果评估与调整

根据学生的学习反馈和使用情况，研发团队对“子曰”教育大模型的应用场景在实际应用中的效果进行评估，并根据反馈不断调整和改进模型和应用，以适应不断变化的学习需求，提升学习效率。同时，“子曰”教育大模型通过记录常见问题和答案，形成知识库，进一步优化学生学习过程。

（五）场景组织与管理

1. 商业模式

（1）项目建设与交付模式

建设方：主要是区域教育局、教育委员会或学校，负责提出需求、提供知识和数据等资源。

承建方：网易有道公司承担设计、开发、测试、交付及长期技术支持与服务，定制化开发基于“子曰”教育大模型的应用。

运维方：由网易有道负责，包括运行监控、故障排除、安全维护、政策更新培训和系统升级，确保产品的稳定运行。

特点：客户需一次性投入较高成本，项目完成后资产归客户所有，承建方按项目制提供交付和运维服务。

（2）购买服务模式

建设方 / 服务提供方：网易有道公司依据客户需求完成大模型应用开发，

提供模型算法、存力算力、网络等服务。

服务采购方：客户提出具体需求和目标，通常按年度购买网易有道公司成熟的产品和技术服务。

运维方：由网易有道公司负责，包括运行监控、故障处理、安全保障、新知识训练和系统升级，确保产品稳定运行。

特点：客户无须前期大额投入，项目资产归服务提供方所有，客户按年度支付服务费用。

2. 组织管理

为确保项目高效推进，项目客户作为项目主导方，应成立工作专班，由主管领导、分管领导、信息技术部门、客户服务部门以及相关业务部门组成。同时需建立长效沟通机制，确保团队内部及相关部门间的信息流通与协作。工作专班可以分为统筹组、技术组、客服组和业务组。

（六）社会经济效益

“子曰”教育大模型的社会经济效益不仅在于技术本身，还在于它如何改变教育的面貌，推动教育行业的进步和社会的长远发展。具体包含以下三个方面。

1. 提高教育效率

教育大模型可以实现大规模的个性化教学，通过自动化评估、反馈和资源推荐，减少教师的重复劳动，提升教学效率。

（1）个性化教学

“子曰”教育大模型利用先进的算法分析学生的学习习惯、兴趣和能力水平，为每个学生定制学习路径和教学材料。这意味着学生可以按照自己的节奏和方式学习，避免了传统班级教学中因学生学习进度不一而产生的效率低下问题。这种个性化教学能够提高学生的学习动力和参与度，进而提升学习效果。

（2）自动化评估与反馈

传统的教学中，作业批改和测试评估需要消耗教师大量的时间和精力，“子曰”教育大模型可以通过自动批改作业、实时提供反馈减轻教师的工作负担。这种即时反馈机制有助于学生及时纠正错误，巩固知识点，提高学习效率。

（3）资源智能推荐

“子曰”教育大模型可以根据学生的学习进度和表现，智能推荐相应的学习资源，如视频教程、练习题、阅读材料等。这不仅节省了学生寻找合适学习材料的时间，还能确保学习内容与学生当前的学习需求相匹配，进一步提升学习效率。

2. 促进教育公平

教育大模型能够跨越地理限制，使优质教育资源得以广泛传播，缩小城乡、区域之间的教育差距，促进教育公平。

（1）跨越地理限制

“子曰”教育大模型能够将优质的教育资源传递到偏远地区或教育资源匮乏的地方。只要有网络连接，学生就能接触到高水平的教学内容，大大缩小了城乡、区域之间的教育差距。

（2）降低教育门槛

“子曰”教育大模型通常以较低的成本提供高质量的教育服务，甚至有些是免费的。这降低了学生接受优质教育的经济门槛，促进了教育机会的均等化。

（3）个性化关注

在传统教育中，教师很难给予每个学生足够的关注，“子曰”教育大模型通过个性化教学，确保每位学生都能获得适合自己的教育，这对于缩小教育差距尤为重要。

3. 培养创新人才

通过教育大模型的互动式、探究式学习方法，可以激发学生的创造力和批判性思维，为社会培养更多具有创新能力的人才。

（1）互动式、探究式学习

“子曰”教育大模型鼓励学生主动探索和解决问题，通过设计富有挑战性的任务和项目，激发学生的创造力和批判性思维。学生在解决实际问题的过程中，不仅掌握了知识，还学会了如何思考和创新。

（2）跨学科融合

“子曰”教育大模型能够整合不同学科的知识，促进跨学科学习。学生在学习过程中，可以发现不同领域之间的联系，提高综合运用知识解决问题的能力。

二、思明启创——AI 智能教育平台提升青少年创新编程体验

（一）案例概要

1. 项目基本情况

北京思明启创科技有限公司（简称思明启创）推出了具备创新特性的适合青少年编程平台——AI 智能教育平台（见图 10–2）。思明启创 AI 智能教育平台致力于通过大数据和人工智能技术，结合可视化编程，大幅降低编程学习的门槛，从而在全球范围内推动创新思维和创意的发展。作为行业领先的平台，它的核心功能允许用户仅需通过拖拽组件和简单的参数设置，即可快速构建 3D 场景和交互式应用。平台还采用先进的人工智能技术进行智能化辅助教学，提供个性化学习路径。在首期阶段，平台聚焦教育领域，整合大量教学资源和实践工具，以显著提升学生的编程技能与创新思维能力。

经过一年多的研发、建设和多次迭代更新，平台在教育行业中发挥了显著作用，极大提升了编程教学的效率。平台利用强大的数据分析能力，提供丰富的教学资源，如课程视频、互动练习和项目案例，使学生能够在实践中不断提升编程技能。同时，通过大数据驱动的人工智能即时反馈和评估系统，平台可以实时分析学生的学习数据，帮助他们了解学习进度和薄弱环节，从而进行有针对性的学习改进。平台在经济欠发达地区的普及率显著提升。为使更多的学生受益于编程教育，思明启创积极与地方教育部门合作，开展了一系列公益项目和培训活动。平台针对不同地区的实际情况，提供了本地化的教学资源和支持服务，确保学生能够无障碍地使用平台进行学习。这些措施不仅提高了经济欠发达地区学生的编程素养，还为他们提供了更多的未来职业选择和发展机会，推动了教育公平和社会进步。

（a）

（b）

图 10-2　AI 智能教育平台界面

资料来源：界面截图。

2. 项目亮点

（1）智能化辅助教学功能

AI 智能教育平台融合了前沿人工智能技术，为教育行业提供了高度智能化的辅助教学功能。这些功能不仅大幅提升了学生的学习体验和教学效率，还为教师提供了更加高效的教学管理与评估手段。平台的 AI 模块通过深度学习算法和自然语言处理技术，能够精准分析每个学生的学习数据，智能推荐个性化的学习路径和内容。它可以实时监测学生在编程过程中的行为模式，识别学习中的困难和常见错误，提供精准的即时反馈和优化建议，帮助学生快速掌握关键知识点。同时，平台运用强化学习技术，根据学生的实时学习表现，动态调整课程内容和难度，以确保每个学生都能以最适合其认知水平的节奏进行学习。

此外，AI 辅助教学功能极大地减轻了教师的工作负担。通过利用计算机视觉和深度学习技术，平台可以实现自动化的作业批改和学生编程项目评估，节省教师时间，使其有更多精力专注于课堂互动和个性化辅导。智能生成的学习数据分析报告，结合多维度的学习行为数据挖掘，帮助教师全面了解每个学生的学习进展，快速识别潜在问题，及时调整教学策略，从而进一步优化整体教学效果。

（2）个性化学习体验

AI 智能教育平台通过 AIGC 技术提供了一种全新的内容生成模式。平台内置强大的 AI 算法，可以根据用户输入的关键词和要求，自动生成生动逼真的 3D 场景和角色。用户可以通过简单的拖拽和设置，快速创建出复杂的 3D 模型和动画。同时，平台能够分析用户的编程进度和兴趣点，智能生成适合其当前水平和学习目标的编程任务和挑战，确保学习的针对性和有效性。该功能还支持实时内容更新和优化，根据用户的反馈不断调整和改进生成内容，提供个性化的学习体验。这些功能不仅丰富了编程教学的素材和形式，也让学生在创作过程中不断探索和学习，大大提高了编程学习的趣味性和互动性。AIGC 技术将进一步革新教育模式，实现高度个性化和动态化的学习体验，使每个学生在智能化环境中最大限度地激发创造力和潜能。

（3）数据驱动的智能教育平台

平台以丰富的项目模板和课程资源为核心，提供个性化和数据驱动的学习体验。平台内置多种编程项目模板，从基础到高级，涵盖各类编程知识，适合不同学习阶段的学生。每个模板都经过精心设计，结合实际案例和应用场景，使学生在动手实践中有效掌握编程技能。同时，平台提供海量的课程资源，通过大数据分析，精确匹配学生的学习需求和兴趣，确保学习内容的针对性和高效性。

平台通过数据收集和整理技术，实时获取用户的学习数据，包括学习行为、进度、错误类型及学习时间等详细信息。这些数据经过深度分析后，支持动态调整课程内容和难度，确保每个学生能够按照最适合其个人发展节奏的学习路径进行学习。此外，教师可以利用平台提供的实时数据监控工具，全面了解学生的学习进度和表现，及时提供有针对性的辅导和支持。

为了保护用户数据隐私，平台采用先进的加密技术和严格的数据保护策略，确保所有数据的收集、存储和分析均符合法律法规。数据匿名化处理和访问控制机制保证用户隐私得到最大限度的保护，同时为教育工作者提供强大的数据分析支持。借助这些数据驱动功能，平台不仅显著提高了教学效果，还成为教育工作者高效教学和个性化辅导的强有力工具。

3. 项目特点

（1）实用性：多元功能提升学习与教学效率

AI 智能教育平台集成了丰富的功能模块，为教师和学生提供高效便捷的教学体验。平台借助先进的人工智能技术，自动批改学生的编程作业和项目，显著减少教师的重复性任务，使其能够更专注于课堂互动和个性化辅导。通过对学生学习数据的深度分析，平台智能推荐个性化的学习路径，确保学习内容与每个学生的知识水平和兴趣相匹配，促进学习效率和成效的提升。同时，平台提供丰富多样的课程资源和实时反馈机制，帮助学生在实践中不断提升编程能力，最终达到教育目标。

调研显示，使用该平台的学校和教育机构的课堂参与率提高了近30个百分点，复课率达到85%以上，教师的重复性工作减少了约40%，平台通过对学生学习数据的实时分析和智能化反馈，为每个学生定制最适合其水平和兴趣的学习路径，确保学习的精准性和高效性。同时，平台提供的丰富课程资源和即时反馈机制，使得学生在实践中的知识掌握速度提升了25%，有效增强了编程技能的学习效果。

（2）创新性：AIGC驱动的智能化内容生成，创造独特学习体验

平台创新性地引入AIGC技术，为编程教学提供了全新的内容生成模式。基于AI算法，平台能够根据用户的输入自动生成逼真的3D场景和角色，并根据学生的实时学习表现定制编程任务和挑战计划，确保学习过程更具针对性和互动性。平台还具备实时优化和内容更新的功能，能够根据用户的反馈不断完善生成的内容，提供量身定制的学习体验。通过这种动态生成和调整的方式，平台为学生提供了一个开放的创作空间，激发了他们的创造性思维和探索精神，使学习过程更加生动和引人入胜。

（3）代表性：数据安全与隐私保护的教育科技先锋

平台在数据驱动教学的基础上，始终将数据安全与隐私保护作为核心要务。采用先进的多层次加密技术，确保用户数据在收集、传输和存储过程中的安全性，严格遵循数据保护法规。同时，平台实施数据匿名化和严格的访问权限管理，确保只有经过授权的用户才能够访问数据，防止未经授权的访问和数据泄露。平台还引入自动化的安全监测和威胁识别机制，及时应对潜在的安全隐患。这些措施不仅使平台在教育技术领域树立了安全性和合规性的标杆，还赢得了用户的广泛信任，为数据驱动的智能教育铺平了道路。

（二）技术架构

AI智能教育编程平台采用了模块化的软件架构设计，主要分为以下几个层面（见图10-3）。

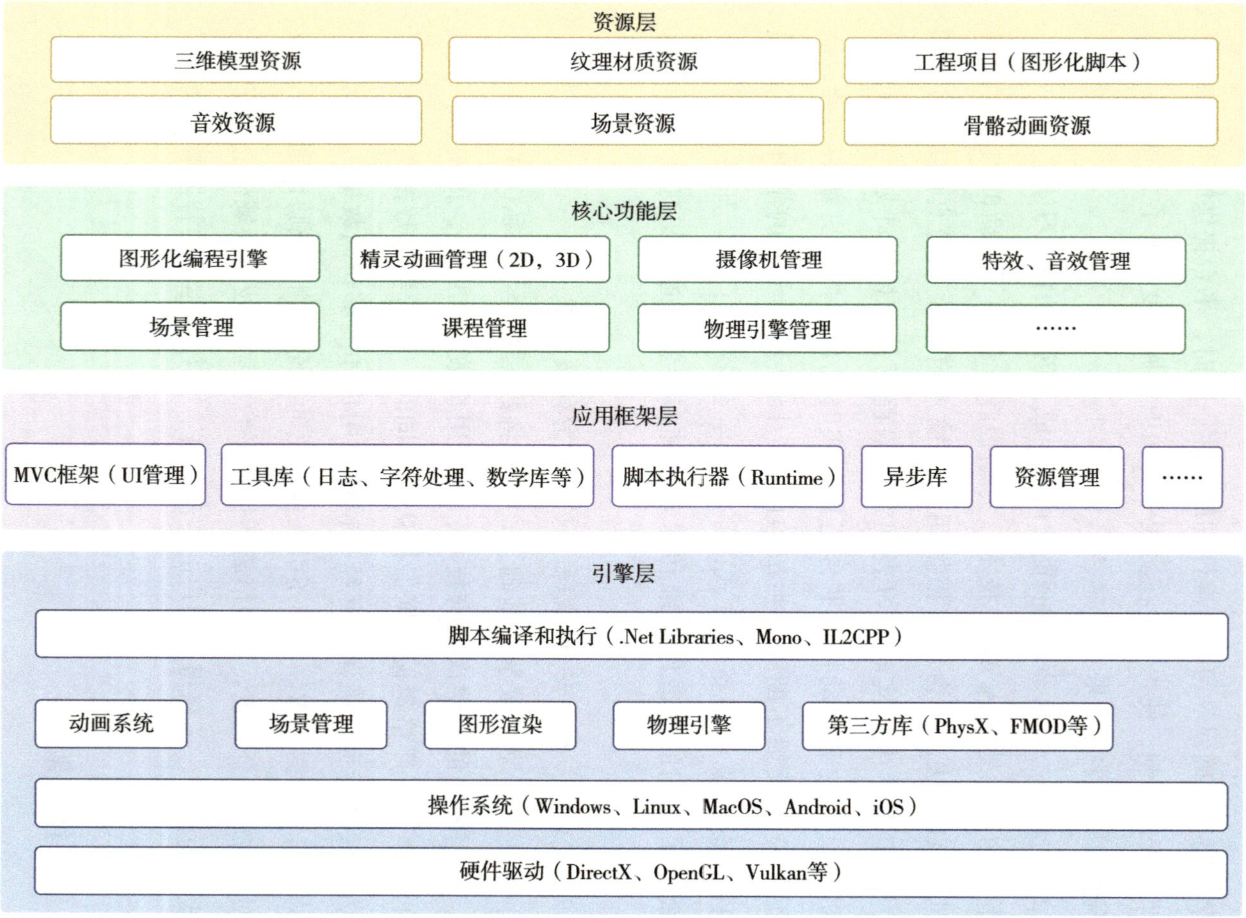

图 10-3　AI 智能教育编程平台技术架构

资料来源：作者自制。

（1）资源层

资源层包含多种用于3D图形化编程的平台资源，包括三维模型资源、纹理材质资源、工程项目、音效资源、场景资源等。这些资源为学生提供了丰富的素材，帮助他们在编程过程中创建各种项目和动画效果。资源层是平台功能实现的基础，使学生能够在一个全面和多样化的环境中进行编程实践。

（2）核心功能层

核心功能层集中体现平台的主要功能模块，包括图形化编程引擎、精灵动画管理（2D、3D）、物理引擎管理、课程管理等。这些核心功能能够通过简单的图形化操作实现复杂的编程任务，并通过各种互动和动画效果，使学习过程更加生动有趣。

（3）应用框架层

应用框架层提供了平台运行和开发的基本框架和工具，包括MVC框架（用于UI管理）、工具库（如日志、字符处理、数学库等）、脚本执行器（Runtime）、异步库和资源管理等。应用框架层确保平台的高效运行和资源的有效管理，同时为开发者提供了便捷的开发工具和环境，支持功能的扩展和优化。

（4）引擎层

引擎层是平台的底层技术支持，包括脚本编译和执行（.Net Libraries、Mono、IL2CPP）、动画系统、场景管理、图形渲染、物理引擎、第三方库（如PhysX、FMOD等）、操作系统（支持Windows、Linux、MacOS、Android、iOS）和硬件驱动（如DirectX、OpenGL、Vulkan等）。引擎层为平台的高性能和跨平台运行提供了坚实的基础，使其能够在多种硬件和操作系统上稳定运行。

（三）业务介绍

1. 业务对象

（1）家长和学生

面向家长和学生，平台提供了一站式编程学习解决方案，借助AI生成的动态内容和个性化推荐功能，使学生在家也能获得高质量的编程教育。家长可以通过平台监控孩子的学习进度和表现，并根据反馈调整学习计划，促进家庭教育的互动与协作。

（2）学校和教育机构

当前，AI 智能教育平台主要面向各类教育机构，为其提供智能化的编程教学解决方案。平台通过多种功能模块，如自动批改作业、个性化学习路径推荐、实时学习数据分析，提升教学效率和效果，帮助学校和教师减轻教学负担，增强学生的学习兴趣和成绩表现。

（3）在线教育公司和培训机构

平台为在线教育公司和编程培训机构提供全面的课程内容和学习管理系统支持。这些公司和机构可利用平台丰富的项目模板和个性化推荐功能，打造定制化编程课程，并借助实时数据分析功能，优化教学策略，提升用户满意度和市场竞争力。

（4）教育政策制定者和研究机构

通过提供详细的数据分析报告，平台可以帮助教育政策制定者和研究机构了解编程教育的现状和趋势，发现潜在问题，优化教育资源的配置和政策制定。借助平台的数据和分析能力，教育政策制定者和研究机构能够更科学地制定教育战略，推动编程教育的普及和发展。

随着技术的不断进步和 AI 智能教育平台业务的日益成熟，平台未来的发展将不再局限于传统教育领域，而是向更广泛的行业拓展。平台将积极寻求与智能家居、物联网、VR/AR、机器人、无人驾驶企业等合作，开发跨领域的创新教育解决方案。同时，与人工智能数据分析公司和职业发展机构合作，提供更智能的学习路径和就业匹配服务。这种多维度的扩展将使平台成为未来科技教育生态中的关键角色，推动编程教育的广泛普及和应用。

2. 业务流程

（1）用户注册与登录

用户首先需要在平台上注册账户并登录，平台提供了一套安全的账户管理系统。

（2）智能学习服务

基于用户的评估结果和学习目标，平台利用人工智能推荐适合的课程和学习路径。平台实时监控用户的学习进度和反馈，动态调整课程内容和难度，以确保学习的有效性和趣味性。

（3）编程学习服务

提供丰富的编程项目模板和教学资源，支持项目式学习和互动式教学，帮助用户在实践中掌握编程技能。利用人工智能技术提供实时编程指导和问题解答，帮助用户快速解决编程难题，提升学习效率。

（4）成果分享与交流

用户可以将自己的作品分享到社区，与其他用户进行交流和讨论。

（5）反馈与优化

定期收集用户的使用反馈和学习成果，评估平台的服务效果。根据用户反馈和数据分析，持续优化平台功能和服务，提升智能学习体验和编程学习效果。

3. 典型应用场景举例

（1）“智能课堂助手”：个性化编程学习与教学支持

在某小学的计算机编程课程中，AI 智能教育平台的应用显著提升了学习效果。通过平台的人工智能功能，学生获得了个性化的学习建议和实时反馈。系统分析每个学生的学习数据，包括编程习惯和错误类型，智能推荐适合的学习资源和练习题。教师可以使用平台生成的详细学习报告，精准把握学生的学习进度和难点，从而优化课堂教学策略。结果显示，学生的编程技能掌握度提升了 30%，课程通过率显著提升，整体教学效率得到显著改善。

（2）“个性化编程任务生成”：动态调整学习内容

在某编程培训机构，AI 智能教育平台被用于提供个性化的编程任务。平台根据学生的学习进度和兴趣点，自动生成适合的编程项目。例如，如果系统检测到学生在算法部分有困难，平台会推荐与算法相关的额外练习或解释视频。平台还能实时调整任务难度，确保学生始终面临适当的挑战，避免学习内容的过度或不足。通过这种智能化的任务生成方式，学生的编程技能提升速度加快，学习体验更加个性化和有效。

（3）“编程进度监控系统”：数据驱动的学习分析

在某小学，AI 智能教育平台提供了全面的编程学习进度监控功能。平台实时收集和分析学生的学习数据，包括编程作业的提交情况、测试成绩和互动记录。基于这些数据，系统生成详细的学习报告，帮助教师了解每个学生的进展和存在的问题。这种数据驱动的分析方式使教师能够及时发现学生的学习瓶颈，并采取有针对性的辅导措施。结果表明，平台的应用使学生的学习反馈及时性提高了40%，从而有效提升了编程课程的整体学习成果。

（四）数据要素

1. 数据来源

AI智能教育平台的数据来源广泛且多样化，包括但不限于学生在编程学习过程中的行为数据、作业提交情况、测试成绩、互动记录、学习反馈和用户自定义的编程项目数据。平台通过集成的学习管理系统和数据采集模块，实时监控和收集这些数据，形成全面的学习数据集。

2. 数据利用

收集到的数据被广泛应用于多个方面，以提升学习效果和优化教学策略。平台利用大数据分析技术，对学生的学习进度、编程习惯和错误类型进行深入分析，以生成个性化的学习路径和任务推荐。这些分析结果帮助教师及时识别学生的学习瓶颈，并根据数据生成详细的学习报告，从而实施针对性的辅导和教学调整。AI算法还用于实时提供编程反馈，动态调整课程内容和难度，确保教学内容的适应性和学生的学习效果。

3. 数据安全

为保障用户数据的安全性和隐私性，平台实施了一系列数据保护措施。首先，所有数据在传输和存储过程中均采用先进的加密技术，确保数据的机密性。其次，平台采用严格的访问控制和权限管理策略，仅授权用户可以访问相关数据，防止未经授权的访问和数据泄露。数据处理过程中，平台采用匿名化技术，对用户数据进行脱敏处理，以保护个人隐私。最后，平台还建立了数据安全监测和响应机制，及时检测和应对潜在的安全威胁。

4. 数据工作存在的挑战

数据工作面临着多重挑战。首先，数据的高质量和完整性是确保分析准确性的前提，但在实际操作中，数据可能存在缺失、错误或不一致的问题，需要进行有效的数据清洗和预处理。其次，随着数据量的增长，如何高效存储和处理大规模数据是一个技术难题，需要采用高性能的计算和存储解决方案。此外，确保数据隐私和安全也是一项长期挑战，特别是在遵循不断变化的法律法规和行业标准方面。最后，平台还需不断优化数据分析算法，以提高个性化推荐和反馈的准确性，满足不同用户的需求。

（五）案例适用场景条件和建议

1. 场景条件

（1）组织条件

支持与合作：学校或教育机构需要支持和认可 AI 智能教育平台的使用，愿意整合该平台到现有的课程体系中。

教师培训：教师需要接受专业培训，熟悉 AI 智能教育平台的功能和教学方法，以便有效地指导学生。

设备支持：学校或教育机构需配备基本的计算机设备和互联网连接，确保学生能够顺利使用平台进行学习和创作。

（2）数据条件

数据收集：平台需要从用户（学生、教师、家长等）处收集必要的注册信息、学习记录、项目作品等数据，以提供个性化学习体验。

数据整合：收集的数据需进行规范化处理和整合，确保数据的一致性和准确性，便于分析和利用。

数据安全：必须实施严格的数据加密和访问控制措施，保护用户隐私和数据安全，遵守相关法律法规。

（3）技术条件

平台稳定性：AI 智能教育平台需具备高稳定性和高可用性，能够在需求高并发情况下稳定运行，确保用户体验。

技术支持：平台需要提供持续的技术支持和更新，及时解决用户在使用过程中遇到的问题。

兼容性：平台应兼容多种操作系统和设备，确保不同硬件条件下都能顺利运行。

（4）课程和内容条件

优质课程资源：平台需提供丰富且优质的课程内容，包括基础编程知识、3D 建模、动画制作等方面的教学资源。

实践任务：平台需设计多样化的实践任务和项目示例，鼓励学生动手实践，巩固学习内容。

评估工具：平台提供详细的学习记录和分析报告，帮助教师评估学生的学习效果，并根据数据调整教学策略。

（5）社区交流条件

互动社区：平台需建立活跃的社区互动模块，方便学生分享作品、讨论问题、互相学习。

专家指导：平台上需有专业教师和技术专家提供指导和反馈，帮助学生解决疑难问题。

家长参与：平台应提供家长参与的通道，让家长了解孩子的学习进度，以便给予支持和鼓励。

2. 相关建议

（1）政府政策支持：利用科技创新资助和优惠政策

政府应进一步完善针对人工智能和大数据领域企业的科技创新政策，包括财政补贴、税收优惠和研发资助；通过设立专项资金和创新奖项，鼓励企业在技术研发和应用领域进行突破。此外，政府可以简化申请流程，并提供技术和市场指导，帮助企业高效申请和使用支持资金。

（2）国际市场拓展：建立全球合作伙伴网络

政府和行业协会可以支持企业开拓国际市场，通过建立国际合作平台和参与全球科技展会，帮助企业拓展海外业务；提供国际市场的政策咨询和合作机会，鼓励企业参与国际标准的制定和技术交流，提升企业的全球竞争力和市场影响力。

（3）法律法规与行业标准：强化法规遵循与行业参与

政府应进一步明确和优化与人工智能、大数据相关的法律法规，如数据保护和隐私保护相关的政策；推动行业标准的制定和实施，确保技术应用的规范性和一致性；为企业提供指导和培训，帮助企业理解和适应法规变化，降低法律风险。

（4）产业融合创新：推动跨行业协作与技术应用

政府和行业组织应支持企业与教育、科技、医疗、金融等领域的跨行业合作，推动技术应用的多样化；通过设立产业融合试点和合作平台，促进不同领域的资源整合和技术共享；鼓励企业在多行业的应用场景中进行创新实验，提升技术的实用性和市场适应性。

三、新东方——AI 教师服务平台赋能智慧型教师专业成长

（一）案例概要

1. 基本情况

2023 年 4 月起，新东方智慧教育基于自身在对公服务领域的数据和案例积累，结合人工智能大模型所能够提供的功能及服务，开始研发面向教师用户的 AI 教师服务平台。该平台主要包括 AI 教学资源和 AI 教师工作台两大核心功能，旨在打造适用于教师学习、备课、整理教学资源等场景的工具型平台，帮助教师提高工作效率、提升信息技术运用能力，助力教师更好地认知和运用人工智能技术，赋能智慧型教师专业成长。

目前，利用 AI 教师服务平台，教师可以将日常教学积累的教学视频进行快速处理，构建出成体系的覆盖知识点和教学大纲的视频资源库。同时，AI 教师工作台可以帮助教师高效利用现有资源，通过人工智能的辅助推荐与编辑功能，对资源进行个性化的资源加工与管理，并结合针对性的教学实例，实现教研能力的快速提升。

2. 项目亮点

（1）紧贴教师实际需求

平台研发从教师实际需求出发，紧扣教学资源的生产、管理及应用，解决教师实际工作中遇到的教学资源不足、教学视频等资源生产成本较高等困境，并利用人工智能技术帮助教师快速完成知识点提炼和分类、知识图谱建立等工作，并在教学场景下，助力个性化教学的实施。

（2）搭载AI工具属性

AI教师服务平台为教师提供实用性强、易操作的效率提升工具。在AI教学资源功能模块中，将语音识别、翻译、视频切分、大模型摘要总结、要点提炼等功能组合，加上特定学科的知识训练，形成全自动化的视频加工处理。在AI教师工作台功能模块中，通过个人资源上传、教学资源库与智能化教学资源生成等功能，为教师节省备课时间，提高备课效率和质量。

（3）教学资源管理全场景服务

AI教师服务平台能够深入分析教师工作内容、调研教师工作习惯，帮助教师在平台上进行教学资源管理的全场景落地。AI教师服务平台既是教学资源的生产者，通过上传教学视频，AI快速处理，实现教学资源生产的效率提升；又是教学资源的应用者和管理者，通过对上传和生成的资源内容的理解，辅助教师建立自己的教学资源库。该平台通过学校内的教师教学资源共建和分享，也能够建立并不断丰富校本资源库，提升学校教师整体教研及教学水平。

（二）系统架构

AI教师服务平台综合应用人工智能大模型、云计算、大数据等新一代信息技术，基于教师教学资源管理需求，建立并训练学科模型，实现教学资源上传、人工智能处理、存储、灵活运用等，为教师教学资源管理提供多样化的应用场景，实现教师工作效率的提升及教学资源管理的智能化、个性化。平台架构主要包括以下几个方面（见图10-4）。

数据中台：进行教学资源类数据（如教学视频、图片、教案等）的上传、清洗、整合和存储。

大模型应用：综合运用人工智能大模型，训练针对不同学科的算法及分析模型，保障能够完成对各类教学资源的分析、标注、编辑、整合等数据化处理，并输出适用于教师需求的内容。

工具化使用：以AI教学资源和AI教师工作台为核心，将平台打造为实用的工具化平台，为教师提供能够快速上手的前端功能入口。

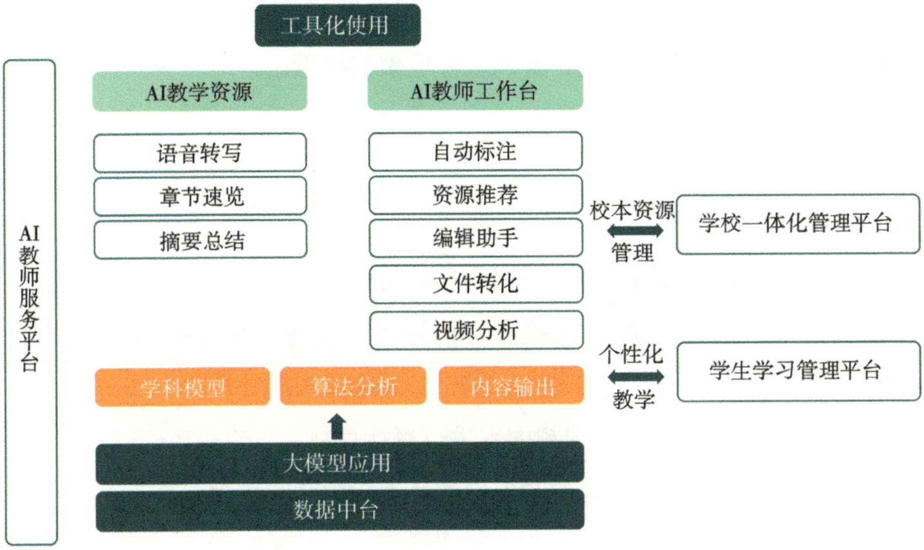

图 10-4 AI 教师服务平台技术架构

资料来源：作者自制。

（三）业务介绍

1. 业务场景

AI 教学资源：将教学视频自动按照知识点和章节进行切分、标注、内容提取和总结，全面展现视频的内容和价值。

AI 教师工作台：基于教师备课场景，提供智能化的教学资源管理平台，通过个人资源上传、教学资源库与智能化教学资源生成，为教师节省备课时间，提高备课效率和质量。

2. 解决问题

教学资源不足：利用人工智能技术帮助教师自动搜集和整理各种教学资源，丰富教学内容，解决教学资源不足的问题。

教学资源制作成本高：自动化完成教学视频的生成、编辑和发布等流程，降低制作成本，解决制作成本高的问题。

教研工作费时且效果差：基于设定的课程内容与课程目标，自动生成针对不同场景的教案、课件、素材、习题，在教研过程中大幅节省教师时间，为年轻教师提供规范化引导，为成熟教师减少基础性工作。

教学资源缺乏有机整合：基于文件内容和课标指导，对不同类型教学资源进行知识点或核心概念标注，辅助资源检索与推荐。

3. 典型应用场景举例

（1）AI 教学资源

①场景及功能。

章节概览：依据视频内容，将视频自动切分出不同章节。

原文呈现：将 AI 理解的视频内容转为文字呈现，并与视频的章节自动对应。

全文概要：将 AI 理解的视频内容进行概括总结。

思维导图：提取视频内容的知识点，并进行关联和梳理。

②案例特点。

除实现将语音识别、翻译、说话人分离等功能外，该平台还支持视频切分、大模型摘要总结、要点提炼等功能，加上针对特定学科的知识训练，可以形成全自动化的视频加工处理（见表 10-1）。

表 10-1　AI 教学资源功能说明

模块划分	功能说明
语音转写	语音转文字：将实时音频流或音视频文件中的语音转写成文字。转写结果可精准对应某一段落，句子的起止时间，用于对应字幕展示； 说话人分离：将对话中的人进行区分
章节速览	章节分割：将音视频内容，根据不同交流话题进行章节分割； 章节标题：一句话总结章节标题； 章节摘要：概括章节内容
摘要总结	全文摘要：对完整的音视频内容进行总结； 发言总结：对不同发言人的说话内容进行总结； 问答回顾：在理解对话内容的基础上，摘出显性提问、总结隐性问题，并根据对话内容提炼回答内容； 思维导图：根据音视频内容进行总结，并生成绘制思维导图所需的数据结构

资料来源：作者自制。

③案例效果。

AI 教师服务平台将日常教学积累的教学视频进行快速处理，构建出成体系的覆盖知识点和教学大纲的视频资源库。未来，通过人工智能的学习和理解能力，该平台将视频与教材、讲义、试题、图书等更多资源进行关联和处理，形成立体化和全覆盖的教学资源，为师生提供更智能的学习辅助。

（2）AI 教师工作台

①场景及功能。

资源推荐：基于教育备课主题和类型，提供多种类型的教学资源推荐（见图 10–5）。

在线教案编辑：教师可以通过文字形式描述需求，让人工智能完成教案或教案中所需的文案、图片、习题内容，并将教案资源直接转化为课件，用于授课（见图 10–6）。

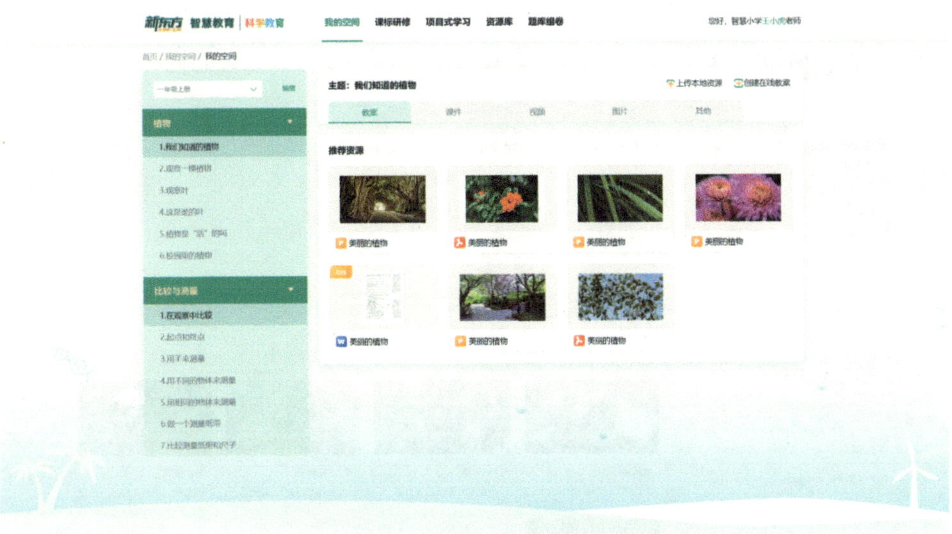

图 10–5　资源推荐

资料来源：界面截图。

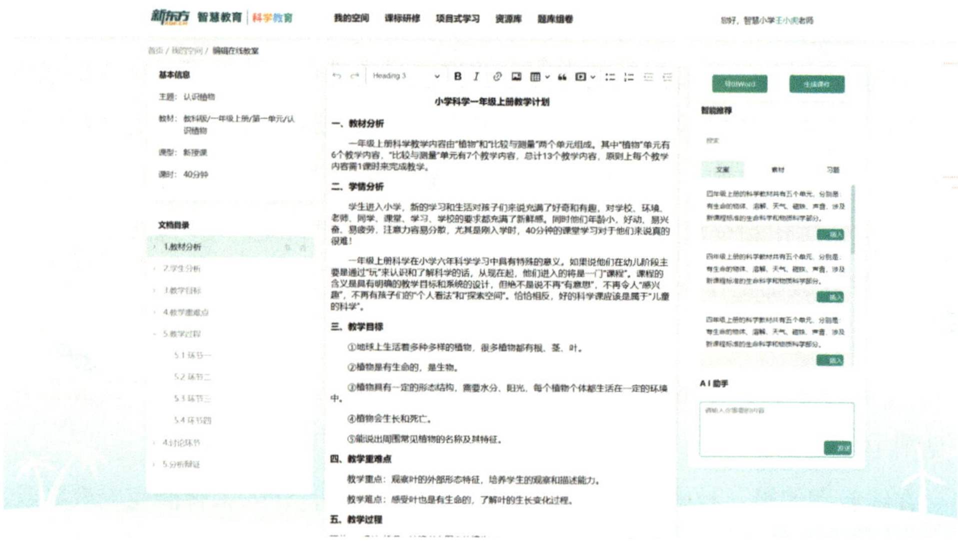

图 10-6　在线教案编辑

资料来源：界面截图。

资源管理：通过对上传和生成的资源内容的理解，生成资源的学科属性标签，辅助教师检索和使用资源（见图 10-7）。

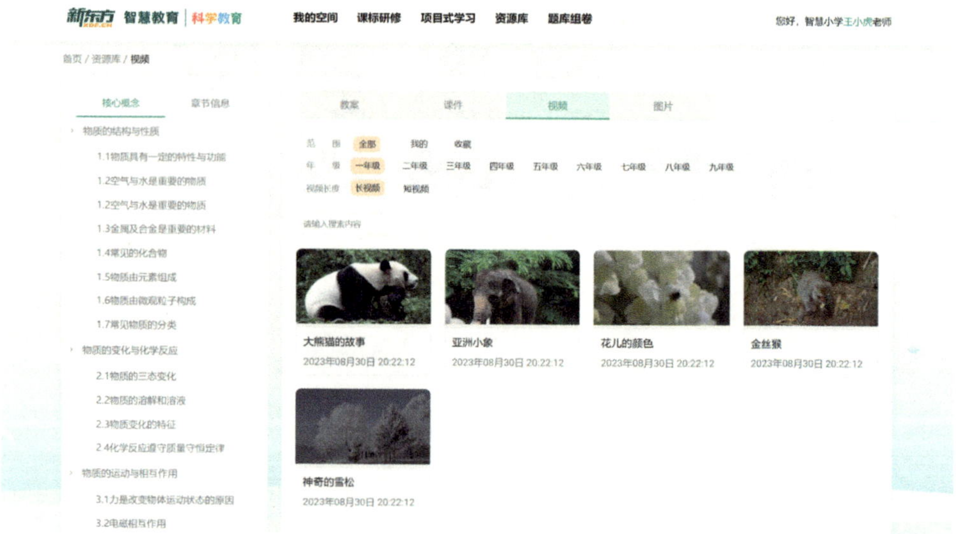

图 10-7　资源管理

资料来源：界面截图。

章节生成：依据视频内容，将视频自动切分为不同章节。

视频分析：基于项目式教学理论，通过对教学视频的分析，形成教学实例；通过带有深入分析的课堂视频实录分析，为教师备课提供指导（见图10-8）。

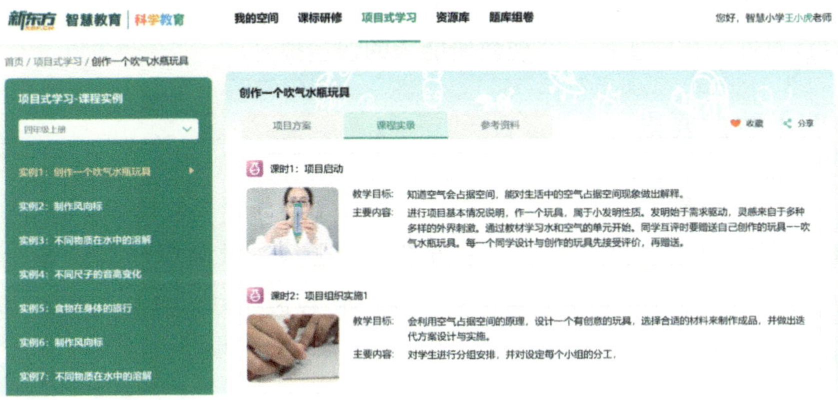

图 10-8　项目实例

资料来源：界面截图。

②案例特点。

基于AI的通用能力，通过学科领域的专项训练，与教师教学的实际场景结合，充分利用自动标注、资源推荐、文本生成、文件转化、视频分析等技术服务教师教研备课（见表10-2）。

表 10-2　AI 教师工作台功能说明

模块划分	能力说明
自动标注	将用户上传的教案、课件、图片资源进行自动标注，与教学课标中的核心概念对应
资源推荐	基于教学计划安排，针对当前教学主题，提供教案、课件、图片、视频素材等多类型的资源推荐
编辑助手	文本优化：针对已有文本，选中文本后进行缩写、扩写、语法检查等自动文本优化功能； 文案生成：在对话框中以文字或语音形式描述要求，平台可自动生成不同教学场景下的文案信息； 文转图 / 视频：基于文字描述信息，生成图片或短视频，减少检索环节，提高资源的适配性
文件转化	在线教案可直接导出 Word 文件，或自动生成授课演示使用的 PPT 文件
视频分析	将教师授课视频进行智能化分析，抽取教学目标，总结课堂主要内容，评价课堂教学质量

资料来源：作者自制。

③案例效果。

通过 AI 教师工作台的使用，教师不仅可以高效利用现有的资源，还可以通过人工智能辅助推荐与编辑功能，对资源进行个性化的资源加工与管理，并结合针对性的教学实例，实现教研能力的快速提升。

（四）数据要素

（1）数据来源

教学资源数据主要来源于新东方教研资源库、教师用户上传等。平台采集及用于训练学科模型的数据不存在未经授权或违反法律法规获取数据等情况。

（2）数据利用

数据经过清洗、切片、标注等处理后，提取关键词、语义等特征，使用数据训练学科垂类模型。在训练过程中不断评估和优化模型，最终将其应用于实际的教学资源管理场景中，同时不断收集新的咨询数据进行持续学习和更新。

（3）数据安全

数据存储、管理在加密服务器上进行，学科垂类模型训练在本地进行。用户上传的数据仅用于用户个人浏览、其所授权范围内的数据共享及学科垂类模型训练，平台保障用户数据的安全性和保密性。

（4）数据工作存在的挑战

一是因教学资源的特殊性，用户上传数据以视频、文档为主，在数据识别、处理上相比文字、图片等有一定的难度。二是多种类型数据的整合和管理在数据融合、协调处理上存在挑战。三是教师用户受区域、学校等影响，在统一数据上传格式、模板等方面有一定的前期运营成本。

（五）推广场景及项目规划

1. 推广场景

AI 教师服务平台适用于各级各类学校，可帮助教师进行教学资源管理和运用，对于数据管理平台基础不同的学校，有不同的应用场景。对于尚未有数据管理平台的学校，可以结合学校需求，以 AI 教师服务平台为基础，搭建完善的学校一体化管理平台，包含校务管理、学生管理、课程管理等，实现各功能之间的数据联动。对于已有教务平台等数据管理平台的学校，可以开发接口，将 AI 教师服务平台作为管理平台的工具之一，嵌入学校平台，开放给教师使用。

2. 项目规划

（1）用户及场景细分

针对幼儿园、小学、中学等不同阶段教师的使用习惯和工作需求，训练更精准、更适配的垂类模型，并调整前端使用流程。

（2）加强与学生学习、区域管理等教育需求的联动

基于教学资源管理的优化，推动与学生个性化学习需求的功能联动，通过整合区域教师用户数据，实现区域教师素质和教育质量的整体提升。

四、松鼠 Ai 智能老师——多模态智适应大模型促进精准评价

（一）案例概要

1. 基本情况

作为将人工智能自适应学习技术引入教育领域的独角兽科技创新企业，松鼠 Ai 智能老师团队经过十多年的深耕，成功研发出全球首个全学科多模态智适应教育大模型（Large Adaptive Model，LAM），并开创性地将智适应技术与多模态大模型结合，提出垂直化、精细化的解决方案。

松鼠 Ai 智适应学习系统被安永报告评估为最高等级 L5 级自动驾驶的 AI 教育系统，从 2021 年开始转型，主攻 L5 级自动驾驶的中高端智能学习机市场，累计出货量超过 30 万台。此外，松鼠 Ai 目前在全国拥有超过 3000 家线下智能学习机门店，是全国零售店规模最大的 AI 学习机品牌。

2. 项目亮点

（1）精准需求分析

松鼠 Ai 通过其智适应技术和多模态大模型，能够精准分析每位学生的学习行为和需求，为每位学生定制个性化学习方案，有效解决了传统教育模式中“一刀切”的问题。

（2）智能错因分析与追根溯源

松鼠 Ai 多模态智适应教育大模型引入的草稿纸内容智能分析功能，能够深度解析学生解题过程，精准定位各类错误，并帮助学生和教师迅速把握问题所在，显著提升学习效率和教学效果。

（3）多模态人机互动

松鼠 Ai 多模态智适应教育大模型支持文字、语音、视频等多种形态的人机互动，不仅使学习环境更加人性化，而且能够准确捕捉学生的情绪变化，提供及时的互动和鼓励，有效提高学生的学习兴趣和动力。

（4）高效智能评估

松鼠 Ai 多模态智适应教育大模型在智能测试与评估方面也取得了显著进步，特别是在主观题评分上，能够更精准地给出分析反馈，提升测评效率和准确性，促进学生自我提升。

（二）技术架构

松鼠 Ai 多模态智适应教育大模型（LAM）的框架分为应用层、模型层和数据层 3 个层级（见图 10-9）。

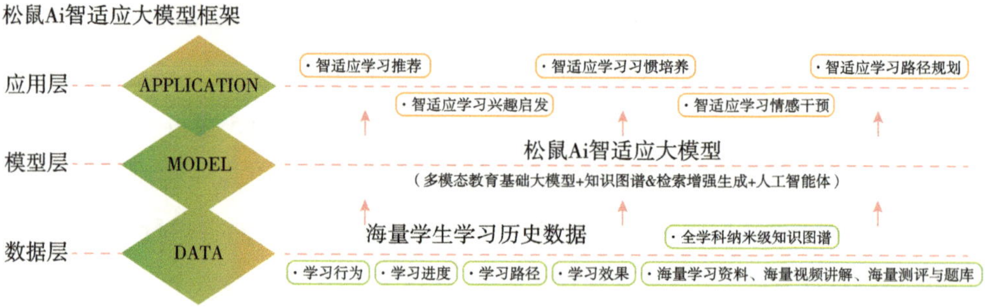

图 10-9　松鼠 Ai 多模态智适应教育大模型技术架构

资料来源：作者自制。

数据层整合三方面的数据，包括海量题库、PPT、视频等学习资源数据；纳米级颗粒度拆分出的知识点图谱架构；海量的学生学习行为数据。

应用层利用大模型对历史数据和实时产生的数据进行深度挖掘，衍生出对学生学习有实际帮助的诸多功能，比如智适应学习内容推荐、智适应学习路径规划、智适应学习情感干预等。

LAM 框架的核心层级为模型层。松鼠 Ai 推出的多模态教育大模型的基础模型主要基于处理教育领域文本的基础语言模型（LLM for Education）。在教育基础模型的基础上，LAM 的研发衍生出了语音、图片、视频等多模态维度，用以对学生的学习情况进行更多层次的监督和辅助。

（三）应用场景

1. 表情解析

松鼠 Ai 多模态智适应教育大模型的一个典型应用场景是表情解析。传统手段难以精准全面把控学生在学习过程中的表情以及心态变化，松鼠 Ai 智适应大模型利用视觉指令调优技术，结合学术界比较成功的视觉模型（如 CLIP）和语言模型（如 LLaMA）的先进特性，实现了对表情的高效识别。这一技术的核心在于将视觉编码器与 LAM 连接，依托大型语言和视觉助手（Large Language and Vision Assistant，LLaVA）的端到端训练框架，实现对学生微表情的精准识别。在人机交互场景中，大模型可以识别用户的微妙表情变化，并根据这些变化给出语言上的反馈，从而实现更自然、更富有同情心的交流。LLaVA 所带来的应用不局限于提升用户体验，它还可以在心理健康、辅助教学等多个场景发挥作用，被解析出来的表情报告还可以反馈给知识图谱和推荐系统，从而促成更加有意义的精准内容推荐。

2. 数据挖掘与赋能

模型层的多模态智适应表达主要体现在对智适应系统数据的深度赋能和价值挖掘上，这个过程中的核心技术是检索增强生成（Retrieval-Augmented Generation，RAG）技术。RAG 技术通过在大模型回答问题或生成文本之前，首先从一个庞大的数据库中检索高质量的相关信息，再给 LAM 投喂这些高质量信息，使生成的内容更相关、更有意义。这一过程有效控制了深度学习领域中的“黑箱”问题和语言大模型的“幻听”现象，使得模型生成的内容更加“言之有物”，表现更加“可解释”。RAG 技术通过确保内容的高质量传递，使其在回答问题时不仅能提供直接答案，还能生成更为丰富和扩展的信息。

在 RAG 技术的支持下，LAM 的智适应学习体系显著激发了高质量知识的影响力，并无限放大了经典系统模块的价值，形成互相促进的技术路径。多层级 RAG 技术赋能知识图谱，确保高质量知识的高效传递。知识图谱与多模态大模型深度融合，根据大模型的实时描述性反馈，更新其关系结构。多模态 LAM 与学生深度交互，智能化理解学生情绪与行为，提供个性化反馈和建议。推荐系统与 LAM、学生、家长的反馈有机连接，实现策略性知识推荐和动态学习路径规划。这样一来，RAG 技术不仅提升了知识的传递效率，还增强了教育内容的深度挖掘。

3. 智能体协作

模型层更深层次的迭代体现在教育智能体（Educational AI Agents）之间的相互协作。依托于松鼠 Ai 多模态智适应教育大模型构建的智能体（AI Agents）是一系列大模型驱动的智能模块集合，具有突出的泛化能力。这些大模型如同人类的快速直觉思考系统，能够迅速处理和回应大量信息。然而，正如人类思维可能产生幻觉或偏差一样，智能体也面临类似的问题。因此，智能体的长期目标是使大模型逐步演化为能够进行缜密分析和复杂决策的系统，从而在处理复杂问题时能够深入思考，作出更加稳健的决策。

在 LAM 体系下，智能体能够全面调查和诊断学生的学习情况，并预判学生的学习需求。通过智能体的智能协同工作，可以实现更为复杂的工作流程，使学生在人工智能的引导下积极学习。反复的实践和测试确保每个学习环节都得到充分理解，使得智能体成为个性化教育和深度学习的有力工具，推动学生在学术旅程中不断前进。这种多个智能体协作的智慧赋能，能够有效提升教学的针对性和效果，促进学生的全面发展。

近期一个比较成熟的智能体应用场景为“多模态草稿错因精准识别”。智能体通过对多模态输入（如学生草稿）的分析，结合学生的错误回答以及松鼠 Ai 的知识点图谱等多维度信息，可以对学生的错误思路进行复现，进而精准找到学生的犯错原因。学生的错因可以分为知识点相关错因（学生因为未掌握某个或某些知识点而犯错）和非知识点错因（学生因为粗心、审题不清等原因犯错）。错因的精准捕捉对于后续的薄弱知识点精准推荐、个性化能力值提升以及针对性的课程内容规划等都有强有力的支持。松鼠 Ai 借此契机，构建了一套以连接题目、知识点、学生错因为中心的“错因池”体系，它正演化成松鼠 Ai 独家的高质量“内容资产”。

（四）数据要素

1. 数据来源

基于松鼠 Ai 独有的、过去所积累的 4300 万名学生的 200 亿个学习行为全流程数据“喂养”大模型，在超大规模数据量训练后，松鼠 Ai 的推荐算法、深度知识追踪等人工智能技术已实现突破式迭代。数据类型包括海量题库、PPT、视频等学习资源数据、学生学习行为数据等。

2. 数据预训练

在预训练（PT）阶段，模型从维基百科、书籍、GitHub、论文、问答网站及教育平台的大量学习行为数据中学习，预训练的重点为识别数据点之间的相互依存关系，特别是对长距离节点依赖性和隐含逻辑的捕捉。传统的预训练方法包括“完形填空”（随机删除文本中的一些词语让模型预测）和“对对联”（根据上句预测下句）等策略，增强了模型对数据基本逻辑的理解。基于此，教育大模型进一步构建知识图谱（包含纳米级知识点和题库）、学习路径及学习效果等多模态数据结构，并以优化最终学习效果（如阶段性测试成绩提升）为导向，通过对抗生成等方式，发现更加合理的学习路径。

3. 监督学习

在监督微调（SFT）阶段，模型通过处理用户输入的提示词和理想输出结果的少量高质量数据集进行指令微调。用户可能输入问题、对话和任务指令等多种形式和任务。经过这个阶段的训练，SFT 模型获得了初步的指令理解和上下文理解能力，能够完成如开放领域问答、阅读理解、翻译、生成代码等多样任务，并展示出对未知任务的一定泛化能力。模型在 SFT 阶段参考更多类型的学生数据，包括更丰富的学习路径、历史学习经验，以及稍微与预训练阶段有所不同的学习效果验收指标，微调其预测逻辑。

奖励建模（RM）阶段的目标是提升 SFT 模型输出的质量。通过构建一个文本质量对比模型给出排序不同的输出结果，奖励模型通过评估员对模型输出的评价来收集数据，并训练奖励模型以预测这些评价，从而理解人类评估员所认为的优质回答。在教育领域，评估员根据准确性、相关性和安全性等标准对学生的问题回答质量进行评分，确保学习内容的质量。

4. 强化学习

在强化学习（RL）阶段，利用前一阶段的 RM 来评估和指导 SFT 模型对用户提示词的补全结果。这个阶段的训练是为了使模型在实际场景中理解用户的指令和上下文。通过强化学习和持续迭代，模型在接收到用户的反馈后进行调整，以优化回答的质量。模型通过对回答选项进行评分并选择最高分的答案，模拟了人类的“试错”学习方式。同时，选择合适的优化方程和平衡探索与利用是至关重要的，它们共同决定了模型如何权衡不同答案的潜在奖励与风险。在教育环境中，这意味着模型不仅需要理解知识点，还要理解学生的个性化学习需求，从而提供更加个性化的教学支持。

（五）应用案例

吉林省白山市崔云希望学校是松鼠 Ai 试点学校。2021 年 4 月，学校引入松鼠 Ai 智适应系统，对九年级毕业班的 8 名学生进行中考五科全科目（语文、数学、英语、物理、化学）全日制联合教学。在 2021 年 5 月到 2021 年 7 月的对比测试中，该学校学生应用松鼠 Ai 智适应系统，语文、数学、英语、物理和化学五个学科成绩得到显著提升（见表 10–3）。参与试点的 8 名学生两个月内中考平均提高 51.69 分（相比于一模分数），其中最高的一位同学提分 82.75 分。

表 10-3 吉林省白山市崔云希望学校应用松鼠 Ai 智适应系统提分案例

姓名	语文成绩（分）	提分（分）	数学成绩（分）	提分（分）	英语成绩（分）	提分（分）	物理成绩（分）	提分（分）	化学成绩（分）	提分（分）	中考五科成绩	一模五科成绩（分）	总提分（分）
由 *	97.75	14.75	72	-9	92.5	35.5	53.5	17.5	29	13	344.75	273	71.75
王 * 菲	88	7	75	3	84.5	20.5	47.5	3.5	36	17	331	280	51
安 * 旭	87.5	21.5	88	28	64.25	11.25	54	14	28	8	321.75	239	82.75
毕 * 琪	82.5	2.5	48	7	58.5	3.5	48	17	30	11	267	226	41
赵 * 瑶	90.25	13.25	49	13	66	14	53.5	10.5	27	8	285.75	227	58.75
孙 *	89	4	69	26	55.25	-1.75	45	-7	18	12	276.25	243	33.25
刘 * 英	79.5	16.5	30	7	47.5	0.5	36	23	26	12	219	160	59
高 * 贺	80.5	16.5	26	-34	49.5	1.5	43	21	16	11	215	199	16

资料来源：作者自制。

上述成绩的取得，成功的关键在于松鼠 Ai 的“打地基”和“归一化”等智适应算法。松鼠 Ai 智适应系统通过深入分析学生的学习状况，追溯到学习漏洞根源，为学生提供个性化的学习路径。这种 AI 驱动的学习方法不仅提升了学生的学习效率，还提高了学生的学习兴趣。在松鼠 Ai 智适应教育培训学校成立一周年之际，校长武琳娜总结，学校所推崇的育德树人、快乐学习、因材施教的核心教育理念，与松鼠 Ai 的智适应教育理念深度契合。

（六）效益分析

相较公有数据的大模型的通用底座，松鼠 Ai 多模态智适应教育大模型系统基于独有的知识图谱和 MCM 图谱，能够真正提高教学效率，并且把每个学生的个性、特长、潜在优势充分发挥出来，真正做到以人工智能赋能教育生产力高效释放，深度赋能因材施教和五育并举。

松鼠 Ai 多模态智适应教育大模型的新版本在多模态智能错因分析与追根溯源、多模态智能人机互动、多模态智能测试与评估三大维度实现了全面迭代。在多模态智适应教育大模型的赋能下，一个“有眼睛、有耳朵、有嘴巴”的超级 AI 智能教师随之诞生，真正实现了从学习机到 AI 智能教师的质变，彻底重塑智适应教学体验。

此外，多模态智适应教育大模型还大幅提升了常规测评的效率与准确性。由此，相比于前代的学习机，松鼠 Ai 智能教师在学期测评与章节测评的性能上实现了飞跃。尤其在主观题评分上，AI 智能老师能够精准给出分数并详细解析扣分点，助力学生精准自我提升。

通过多种人工智能技术在产品中的应用落地，松鼠 Ai 在给学生提供辅导时，能够覆盖预习、复习、备考、作业辅导等多场景，在社会情感及人际互动方面给予学生更多准确的回应与激励，改善学生的情绪，帮助解决学生的一些心理问题，有效解决学生学业提升慢、提升难等问题，帮助每个学生成为最好的自己。

松鼠 Ai 正计划开发推出全新的国际版本，面向全球学生提供产品与服务，更好地服务全球用户，提升中国教育科技品牌的国际影响力。